北京市教委一般项目
（项目编号 SM202210011001）资助成果

大学生羽毛球运动
理论与实践

铁春元 ◎ 著

首都经济贸易大学出版社

Capital University of Economics and Business Press

·北 京·

图书在版编目（CIP）数据

大学生羽毛球运动理论与实践 / 铁春元著. -- 北京：
首都经济贸易大学出版社，2024. 8. -- ISBN 978-7
-5638-3741-0

Ⅰ. G847.2

中国国家版本馆 CIP 数据核字第 20246NY136 号

大学生羽毛球运动理论与实践

DAXUESHENG YUMAOQIU YUNDONG LILUN YU SHIJIAN

铁春元　著

责任编辑	浩南
封面设计	砚祥志远·激光照排　TEL: 010-65976003
出版发行	首都经济贸易大学出版社
地　　址	北京市朝阳区红庙（邮编100026）
电　　话	（010）65976483　65065761　65071505（传真）
网　　址	http://www.sjmcb.cueb.edu.cn
经　　销	全国新华书店
照　　排	北京砚祥志远激光照排技术有限公司
印　　刷	唐山玺诚印务有限公司
成品尺寸	170毫米×240毫米　1/16
字　　数	241千字
印　　张	14.75
版　　次	2024年8月第1版
印　　次	2024年8月第1次印刷
书　　号	ISBN 978-7-5638-3741-0
定　　价	68.00元

前　言

　　党的二十大报告提出"推进文化自信自强，铸就社会主义文化新辉煌"，并进一步提出"广泛开展全民健身活动，加强青少年体育工作，促进群众体育和竞技体育全面发展，加快建设体育强国"，其中包括三个关键词：一是全民健身，二是青少年体育，三是体育强国。教育部于 2020 年 5 月颁布《高等学校课程思政建设指导纲要》，提出全面推进全国高校课程思政建设工作。立德树人是中国特色社会主义教育事业的根本任务，是检验高校一切工作的根本标准。落实立德树人根本任务，必须将价值塑造、知识传授和能力培养三者融为一体，在上述背景下，本书为大学生和羽毛球爱好者提供全面的教学方法和研究指导。本书涉及羽毛球运动的热身、基本动作、基础技术和赛场的技战术意识，涵盖各个项目的专项技术训练、专项体能提升、运动心理调适以及比赛的技战术思想。通过真实战术案例分析和实践技巧，帮助学生和广大羽毛球爱好者走进羽毛球这项运动，提升自身的竞技水平和实战能力。

　　羽毛球运动是一项历史悠久且备受欢迎的体育运动。羽毛球运动可以追溯到 19 世纪，在英国格洛斯特郡的伯明顿庄园（Badminton House）举行的某次游园会上，几名从印度回来的退役军官向大家介绍了这项独特的运动。1877 年，英国颁布了第一套羽毛球规则，标志着羽毛球运动的正式起步。1893 年，英国羽毛球协会成立，并于 1899 年举办了首届全英羽毛球锦标赛。20 世纪初期，羽毛球运动开始在欧美等地流行开来，并在世界范围内的影响力逐渐壮大（虽然直到 1992 年它才成为奥运会正式比赛项目）。羽毛球运动在第二次世界大战后迅速崛起，尤其是在亚洲国家如中国、印度、印度尼西亚和马来西亚等，羽毛球成为最受欢迎的体育运动之一。与此同时，在欧美等地，羽毛球运动逐渐成为国际性的竞技体育项目。羽毛球国际性赛事在不

同的国家和地区举办，其中包括一些备受瞩目的锦标赛，如汤姆斯杯（男子团体赛）、尤伯杯（女子团体赛）、苏迪曼杯（混合团体赛）和世界羽毛球锦标赛等。这些成为羽毛球运动的顶级赛事，吸引了世界各地的精英选手。

在现代羽毛球运动中，羽毛球的材料和装备得到了显著改进。传统的鹅毛羽毛球逐渐被由人造纤维制成的羽毛球所取代，这使得羽毛球在各种环境下都能保持稳定的飞行特性。羽毛球拍的设计和材料也得到了升级，以提高球员的控制力和技术水平。现代羽毛球运动包括男子单打、女子单打、男子双打、女子双打和混合双打等项目，为选手们提供了广泛的竞技机会。在羽毛球运动中取得成功的关键在于掌握正确的技术和运动方法，包括科学的握拍方法、稳定的站位、灵活的移动、准确的技术掌握、良好的技术组合运用和合理的战术、身体素质的提高以及精神状态的保持。这些要素有助于提高球员的技术水平、竞技能力和保证运动健康。羽毛球运动作为一项多样化、富有挑战性的竞技体育运动，吸引了全球范围内的诸多运动爱好者，为他们提供了锻炼身体、发展技能和享受比赛的机会。

羽毛球运动在我国具有重要的地位，我国选手在国际比赛中表现出色，成为该运动的重要领先力量。中国羽毛球队在诸如汤姆斯杯、尤伯杯、苏迪曼杯和世界羽毛球锦标赛等国际性赛事中频频获得奖项。他们的成功表现使得中国队成为世界羽毛球运动中的一支强大力量，并为此项运动培养了众多杰出的选手。中国羽毛球杰出选手，如林丹、谌龙、赵芸蕾、李雪芮等，在国际比赛中多次获得重要奖项。总之，中国羽毛球队的崛起为全球范围内的羽毛球竞技运动的发展提供了强大的动力。

中国大学生羽毛球赛事和相关课程丰富多样，广受大学师生群体的喜爱。我国高校定期举行大学生羽毛球比赛，如全国大学生羽毛球锦标赛、各省市大学生羽毛球锦标赛等。这些比赛为大学生提供了展示技能、交流经验和锻炼竞技水平的机会，吸引了许多校际和校内选手的参与，提高了羽毛球在校园中的受欢迎程度。许多大学都设有羽毛球队和俱乐部，为学生提供参与羽毛球运动的平台。这些俱乐部组织定期训练、组织练习赛和比赛，为学生提高技术水平、培养兴趣提供了机会。羽毛球课也通常作为大学生体育课选修内容以供学生选择。学生可以在学校的场馆中参加羽毛球课程，学习基本技巧和规则。此外，一些学校还提供专业的羽毛球培训，以培养更高水平的选手。

一些大学致力于羽毛球领域的研究和发展。它们通过开设羽毛球科学、羽毛球训练方法和运动心理学等相关课程，为学生提供该领域的专业知识。中国的不少大学生羽毛球队在国内和国际比赛中取得了出色的成绩：参加了许多全国性、亚洲乃至世界性的大学生羽毛球锦标赛，多次获得奖牌和荣誉，展现了中国大学生羽毛球的竞技实力。总的来说，中国大学生羽毛球在比赛、课程和培训等方面都取得了丰富的成果，有利于培养更多的羽毛球爱好者和优秀选手，并推动羽毛球运动在中国大学校园中的普及和发展。

大学羽毛球课程对大学生身心发展具有广泛而积极的影响。从身体健康和体能提升角度看，这项运动可以帮助学生保持健康的生活方式，提高耐力、速度、爆发力等身体素质。在心理健康和情绪调节方面，羽毛球运动可以减轻学生的学业和生活压力，增强他们的自信心。此外，这项运动还能促进学生的认知发展，包括提高专注力和全局思维等。社交互动和团队协作也是学生可从这项运动中获益的重要方面，学生通过羽毛球建立了社交网络，培养了团队合作技能。然而，尽管羽毛球对大学生身心发展具有如此多方面的促进作用，目前相关理论与实践研究却相对较少。因此，本书汇集了笔者多年的羽毛球实战和教学经验，详细阐述了羽毛球技术、战术、心理等方面的理论和实践，填补了这一领域的研究空白。

笔者 8 岁进入什刹海体校开始学习羽毛球，从北京羽毛球队退役后，就读北京体育大学运动训练专业，并以优异的成绩被保送至北京体育大学继续攻读研究生。这些年来，笔者曾获得 2012 年首都高校羽毛球锦标赛男双冠军及混团冠军、2013 年全国高校羽毛球锦标赛男双季军、2016 年全国高校羽毛球锦标赛男团冠军等荣誉。笔者深知，无论个人成就如何，都离不开团队的支持和同行的帮助。在本书的撰写过程中，笔者得到了许多同行的指导和帮助，对此表示衷心的感谢。特别感谢家人，他们的理解和支持是笔者不断前进的动力。同时，笔者也期待广大读者和专家能够提出宝贵的意见和建议，您可以通过邮箱 457307354@qq.com 与笔者联系，期待与您的交流和讨论。

最后，感谢所有支持和帮助过笔者的人，希望本书能够为羽毛球运动的发展贡献绵薄之力，为读者带来知识和启发。

目 录

大学生羽毛球运动
理论与实践

第一章　中国羽毛球运动的历史和演变

　　羽毛球运动的历史可以追溯到 19 世纪。据记载，1873 年，英国格洛斯特郡的伯明顿庄园（Badminton House）举办的某次游园会上，几名从印度回国的退役军官向大家介绍了一种隔网用拍子回击羽毛球的游戏。很快，这项新兴运动在伯明顿镇广受欢迎，羽毛球的英文名"badminton"也由此而来。1877 年，英国颁布了第一套羽毛球规则，标志着羽毛球运动的正式形成。随后，英国羽毛球协会成立，并于 1899 年举办了第一届全英羽毛球锦标赛。20 世纪初，羽毛球开始在欧美等地流行开来，但直到 1992 年，羽毛球才正式成为奥运会比赛项目。羽毛球在中国的历史可以追溯到 20 世纪初，当时羽毛球作为一项新兴的体育活动进入中国。然而，真正推动羽毛球在中国的普及和发展是在 20 世纪中叶。20 世纪五六十年代，中国政府开始大力支持体育事业，羽毛球作为一项具有广泛群众基础和易于推广的运动，逐渐受到重视。20 世纪 60 年代，中国开始在国内举办羽毛球比赛，并建立了专业的训练机构和教练团队，这为中国羽毛球的崛起奠定了基础。20 世纪 70 年代，中国羽毛球运动开始在国际舞台上崭露头角，取得了一些国际性赛事的成功。

　　中国羽毛球队自成立以来，经历了从默默无闻到成为世界羽坛霸主的辉煌历程。20 世纪 50 年代初，中国羽毛球队初具规模。1956 年，中国羽毛球协会成立，标志着中国羽毛球运动正式步入组织化、专业化的发展阶段。20 世纪六七十年代，中国羽毛球队在国际赛场上崭露头角。在 1978 年曼谷亚运会上，中国羽毛球队首次参加国际综合性体育赛事，一举夺得男团、女团、

男单、女单、男双、女双和混双七项冠军，震惊亚洲乃至全世界。此后，中国羽毛球队在国际赛场上的表现愈发出色，逐步确立了在世界羽坛的领先地位。20世纪80年代起，中国羽毛球运动迎来了黄金时期，涌现了一批杰出的羽毛球选手，如赵光义、谢国民等。1982年，中国羽毛球队首次参加汤姆斯杯（男子团体）和尤伯杯（女子团体），双双夺冠。1984年洛杉矶奥运会，羽毛球虽不是正式比赛项目，但中国羽毛球队在表演赛中大放异彩，为此后的奥运征程奠定了坚实基础。在1992年巴塞罗那奥运会上，羽毛球成为正式比赛项目，中国羽毛球队不负众望，获得2金1银1铜的好成绩。20世纪90年代中期至21世纪初，中国羽毛球队持续称霸世界羽坛。1995年，中国羽毛球队在苏迪曼杯（混合团体）上首次夺冠，并开启了长达九届的连冠纪录。在1996年亚特兰大奥运会、2000年悉尼奥运会和2004年雅典奥运会上，中国羽毛球队均获得多枚金牌，展现了强大的整体实力。

进入21世纪，中国羽毛球队继续在国际大赛中取得优异成绩。在2008年北京奥运会上，林丹在男子单打中夺冠，张宁在女子单打中卫冕成功，杜婧/于洋在女子双打中折桂。2012年伦敦奥运会，中国羽毛球队包揽全部五枚金牌，创造了中国羽毛球队乃至世界羽坛的奇迹：林丹获男子单打冠军，李雪芮获女子单打冠军，蔡赟/傅海峰获男子双打冠军，田卿/赵芸蕾获女子双打冠军，张楠/赵芸蕾获混合双打冠军。2016年里约奥运会，中国羽毛球队虽未能延续包揽金牌的辉煌，但仍获得了2金1银1铜的成绩，展现了强大的实力。

中国羽毛球队诞生了多位世界级的优秀运动员，他们在各自的运动生涯中创造了诸多辉煌的纪录。男子单打选手林丹蝉联两届奥运会男单冠军、五次世锦赛男单冠军，共计获得20个世界冠军头衔，是首位羽毛球全满贯选手（集奥运会、世锦赛、世界杯、亚运会、亚锦赛、全英赛、全运会以及世界羽联超级系列赛冠军于一身）。张宁是2004年雅典奥运会和2008年北京奥运会羽毛球女单冠军。蔡赟与傅海峰被称为"风云组合"，是羽毛球历史上最成功的男双配对之一，获得了一次奥运会男双冠军（2012年伦敦奥运会）、四次世锦赛男双冠军以及多次世界巡回赛及公开赛冠军。杜婧/于洋获2008年北京奥运会女双冠军。赵芸蕾是多次世界冠军得主，其中包括奥运会混双冠军和女双冠军。郑思维/黄雅琼这对组合是目前中国混双的领军人物，世界排名长居榜首。郑思维／黄雅琼于 2018 年、2019 年连续两年获世界羽毛球锦标赛混双冠军，是 2020 年东京奥运会混双银牌得主，并多次赢得世界羽联超级系列赛、总决赛及公开赛冠军。张楠／赵芸蕾这对组合是混双领域的一支强大力量，他们是 2012 年伦敦奥运会混双冠军，2014 年、2015 年世界羽毛球锦标赛混双冠军，2014 年亚运会混双冠军。这些优秀运动员在国际赛场上为国争光，不仅在奥运会、世锦赛、苏迪曼杯、汤姆斯杯、尤伯杯等重大赛事中取得了优异成绩，还在世界羽联的巡回赛中频频夺冠，令中国羽毛球的荣誉榜熠熠生辉。尤其在双打项目中，中国羽毛球选手展现了全面的技术和强大的团队协作能力。当然，近年来，随着世界羽毛球水平的整体提升，中国羽毛球队面临更多挑战。在 2021 年东京奥运会上，中国羽毛球队获得两金四银的成绩，虽然依然保持在世界前列，但与过往辉煌相比稍显逊色。面对新的竞争格局，中国羽毛球队积极调整战略，加强青训体系建设，培养年轻球员，以期在未来的大赛中重振雄风。

　　中国羽毛球队的成功，离不开国家体育总局的正确领导和中国羽毛球协会的精心组织，离不开几代运动员、教练员的辛勤付出和不懈努力。从最初的探索尝试到如今成为世界羽坛霸主，中国羽毛球队用实际行动诠释了"团结拼搏、顽强进取"的体育精神，为中国体育事业的发展做出了重要贡献。未来，中国羽毛球队将继续发扬优良传统，不断追求卓越，为祖国争光，为人民添彩。

　　中国羽毛球队谱写了充满荣耀与挑战的壮丽篇章。从起步阶段的摸索前行到成为世界羽坛的领头羊，中国羽毛球队始终秉承对羽毛球运动的热爱和对胜利的渴望，不断创造属于自己的辉煌。展望未来，中国羽毛球队将以更加坚定的步伐，迎接新的挑战，创造更多的辉煌。总体而言，中国羽毛球的历史和发展经历了从起步到崛起的过程。国家的支持、专业化的训练和一系列优秀选手的涌现使中国羽毛球成为国际赛场上备受瞩目的力量，同时也促进了该项目在中国国内的广泛普及和发展。

　　在亚洲，羽毛球运动在不同地区发展出了各具特色的形态，尤其在中国、印度、印度尼西亚和马来西亚等国家，羽毛球是最受欢迎的体育运动之一。在欧美地区，羽毛球运动也有一定传统，但由于网球和篮球等运动有更广泛的社会基础和更高的关注度，因此羽毛球运动相对规模较小。然而，近年来，

羽毛球在这些地区的热度也逐渐提升，吸引了越来越多的年轻运动员，其羽毛球水平也有所提升。

问题与思考

1. 在中国羽毛球运动员当中，你最欣赏的是哪位？为什么？

2. 你最欣赏的中国羽毛球运动员是哪一个单项项目的？

3. 你最欣赏的中国羽毛球运动员有什么样的打法特征和技战术特点？

第二章　羽毛球技术与训练方法的探索

第一节　羽毛球运动方法的探索

一、体能训练

体能训练是羽毛球运动员提高竞技水平不可或缺的一部分，它涵盖了多种训练方法，有助于增强运动员的身体素质和表现水平，提高他们在羽毛球比赛中的竞技力。以下是一些常见的体能训练方法，以及与羽毛球运动相关的练习方法和要领。

（一）有氧运动

练习方法：跑步、游泳、骑自行车等有氧运动可提高运动员的心肺功能和耐力。

训练意义：羽毛球比赛中需要持续奔跑、迅速变换方向，耐力对羽毛球运动员的重要性不言而喻。长时间的有氧训练可以提高运动员的耐力，确保他们在比赛中有高水平的表现。

（二）无氧运动

练习方法：举重、俯卧撑、仰卧起坐等无氧运动可提高运动员的力量和爆发力。

训练意义：羽毛球运动需要极强的爆发力，尤其是在发球和扣杀时。无氧训练有助于增强运动员的肌肉力量，提高运动员的爆发力，让他们能够更

快地做出反应并进行击球。

（三）爆发力训练

练习方法：短跑、跳跃、爬山等爆发力训练可提高运动员的速度和爆发力。

训练意义：爆发力训练有助于提高运动员的反应速度和灵活性，羽毛球比赛中需要快速移动、迅速起跳，这些技能是爆发力的体现。

（四）柔韧性训练

练习方法：伸展、瑜伽等柔韧性训练可提高运动员的关节活动度。

训练意义：柔韧性训练有助于降低运动员在羽毛球比赛中的受伤风险，有助于保持身体的柔软性和灵活性，尤其是腿部和上身的柔韧性。

（五）身体平衡训练

练习方法：单脚站立、平衡板训练等可提高运动员的身体控制能力和稳定性。

训练意义：在羽毛球比赛中，需要快速变换方向，良好的身体平衡和稳定性能够帮助运动员更好地掌握位置，减少失误。

（六）心理训练

练习方法：放松训练、注意力训练等心理训练可提高运动员的心理素质。

训练意义：心理训练有助于运动员在比赛中保持冷静、自信和专注，帮助其有效应对竞技压力，确保最佳运动状态。

（七）营养调整

练习方法：合理调整饮食，摄入足够的蛋白质、碳水化合物和脂肪。

训练方法：运动员需要在比赛前后及训练期间注意饮食，以维持体能和促进肌肉修复，确保足够的能量储备。

> **注意事项：** 体能训练对羽毛球运动员在比赛中的竞技表现至关重要。体能训练应根据运动员的具体情况和训练阶段进行个性化制定，以确保训练的效果和安全性。体能训练与羽毛球技术训练相结合，以提高运动员的综合竞技能力。此外，充分的休息和恢复同样重要，可避免过度训练和潜在的伤害。

二、球感训练

羽毛球球感是指球员在比赛中对球拍和球的感觉和掌握程度。训练羽毛球球感有助于提高运动员的技术水平，增强对球拍和球的控制能力，从而在比赛中更加得心应手，因此这类训练是非常必要的。下面介绍一些常见的羽毛球球感训练方法。

（一）球拍握持

球拍握持是培养羽毛球球感的基础。正确的握拍方法能够确保球拍更好地与手掌贴合，提高控球能力。常见的球拍握持方法包括正握、反握和半握。在训练中，运动员需要反复练习不同握拍方法，以增强握拍的灵活性和适应性。

（二）球拍摆动

球拍摆动是羽毛球球感培养的另一个关键因素。通过不断地模拟各种击球动作，运动员可以提高手感和击球的准确性。例如，模拟正手推球、反手挑球、正手下压等动作有助于训练球拍摆动的灵活性和速度。

（三）手部训练

手部训练有助于提高运动员手指的敏感度和灵活性，进而增强手感，包括手指按压、手指弯曲、手指摆动等训练动作。运动员需要定期进行手部训练，以确保手感的持续提高。

（四）视觉训练

视觉训练可以提高运动员的观察力和反应速度。例如，观察对手的击球动作以及羽毛球的运动轨迹可以帮助运动员更准确地判断球的落点和速度。视觉训练中需要不断观察和模拟不同比赛场景，以提高运动员的视觉敏锐度。

（五）控球训练

控制羽毛球的弧线和速度是培养羽毛球球感的关键。通过反复练习控制羽毛球的力度和方向，运动员可以提高手感和准确性。这种训练包括单人控制练习和双人控制等练习，需要运动员不断调整力度和提高技巧。

（六）多人练习

多人练习，如双打和混合双打，有助于培养运动员的羽毛球球感和合作能力。在这些练习中，运动员需要与队友紧密合作，以实现击球的默契和协

同。这种训练有助于提高运动员的配合能力和战术技巧。

> **注意事项**：球感训练方法应该根据运动员的水平和需求进行个性化安排；需要与体能训练和心理训练相结合，以提高综合竞技水平；应逐渐增加训练强度和时间，合理调整营养和休息，从而有助于保持身体状态和避免过度训练。通过坚持这些训练方法，运动员可以不断提高羽毛球球感，从而在比赛中获得更好的表现。

三、战术训练

羽毛球是一项具有高度战术性的运动。运动员应该学习不同的比赛策略，如控制、攻击、防守和变化等。他们需要根据比赛的情况（对手的强项和弱点、比分情况以及场地条件等）来制定战术。

（一）了解对手

运动员需要认真研究他们的对手，包括了解对手的打法、强项和弱点。通过反复观看对手的比赛录像、了解其历史战绩以及亲临赛场观察对手的比赛风格，可以更好地针对不同对手进行准备。

（二）制定比赛策略

基于对对手的了解，运动员可以制定相应的比赛策略，包括决定是采取攻击性策略还是保守策略，在场地上采用何种站位和移动方式，以及确定何时使用不同的技术和战术。

（三）练习战术

运动员需要在训练中根据实际演练战术，包括模拟比赛情景，练习关键的战术决策和技术应用。例如，可以练习如何在比分领先时保持状态，如何在比分落后时进行反击，以及如何有效应对对手的战术变化。

（四）场地控制

控制场地是一项关键战术。运动员应该学会随时占据有利的位置从而使对手难以进攻，并在需要时快速移动到合适的位置。这需要练习站位、移动和防守技巧。

（五）变化策略

预测对手的动向并随时调整策略也是重要的战术技能。运动员需要掌握比赛中的变化策略，以适应不同的情况，包括变化发球方式、改变进攻方向或节奏等。

（六）团队协作（双打和混双）

在双打和混双比赛中，团队协作是关键。合作伙伴之间需要配合默契，协调动作，制定共同的战术。对此可以通过共同练习和沟通来实现。

（七）比赛模拟

运动员可以通过模拟比赛情景来练习战术。例如，可以在训练中组织模拟比赛，包括设定比分和局数，以便运动员在比赛中更好地应对压力。

（八）反思和调整

每场比赛后，运动员应该进行反思，分析比赛中的表现和战术效果。例如，可以与教练或队友进行讨论，找出需要改进的地方，并在接下来的训练中进行调整。

总之，战术训练是羽毛球运动员取得成功的关键之一。通过深入了解对手、制定策略、练习战术、掌握场地控制和变化策略，运动员可以提高比赛中的决策水平和胜算。这需要时间、经验和不断的实践，对于想要在羽毛球比赛中获得胜利的运动员来说，这些是必不可少的。

第二节　羽毛球基本技术训练

一、羽毛球基本技术训练

羽毛球基本技术训练是提高运动员在比赛中表现的关键部分。以下是羽毛球技术训练中常见的内容。

（一）正手击球技术

正手击球是羽毛球运动员最基本的击球技术之一。与之相关的技术训练包括正确的握拍方式、挥拍动作、击球点和力量控制等。运动员需要不断练习正手推球、正手挑球、正手扣杀等动作。

（二）反手击球技术

反手击球技术同样重要。运动员需要练习反手推球、反手挑球、反手扣杀等技术，以提高击球的多样性和灵活性。

大学生羽毛球运动
理论与实践

（三）截击技术

截击是在比赛中拦截对手来球的关键技能。对此，运动员需要练习如何快速移动到正确的位置，准确截击来球，并将球击打到对手难以应对的位置。

（四）发球和接发球技术

发球是比赛中的重要一环。对此，运动员需要练习各种类型的发球，包括发高远球、发平高球、发网前球等。同时，接发球也很重要，需要练习如何应对各种发球方式。

（五）脚步和移动技巧

羽毛球比赛中的脚步和移动对运动员抢占有利位置和应对快速变化的球路至关重要。对此，运动员需要练习快速移动、侧移、倒地救球等技巧，以保持对场地的控制。

（六）羽毛球控制技术

控制羽毛球的弧线和速度对于在比赛中施加压力和准确传球至关重要。运动员需要练习如何控制羽毛球的轨迹，以适应不同的比赛情况。

（七）反应速度和接杀技巧

在比赛中，运动员需要做出快速反应和准确地进行接杀。因此，练习反应速度、接杀和扣杀是技术训练中很重要的一部分。

（八）双打和混双技巧

在双打和混双比赛中，合作和协调是关键。因此，运动员需要练习与搭档的默契，包括如何配合动作、协调攻守和分工。

（九）战术应用

技术训练应与战术应用相结合。对此，运动员需要学习如何在比赛中运用各种技术制定比赛策略，包括攻击、防守、变化等战术。

（十）模拟比赛情境

在上述训练的基础上，还应将技术训练与模拟比赛情景相结合，从而帮助运动员将所学技术应用到实际比赛中。

总之，羽毛球技术训练涵盖多个方面，包括基本击球技术、脚步移动、截击、发球、接发球、羽毛球控制、反应速度、双打技巧等。这些技术训练对于运动员在比赛中的良好发挥和表现至关重要，需要不断练习。

二、大学生羽毛球课程设计的训练

教师在设计大学生羽毛球课程时，需要充分考虑大学生的体能和年龄特征，以培养他们的羽毛球技术和兴趣。以下是基于这些特征的更具体的课程内容。

（一）握拍和基本姿势

为了适应大学生的生长和发育特点，教师要专注于帮助他们正确握拍，包括教授正握、反握和半握等握拍方式，确保拍子与他们不断变化的手掌尺寸相适应。学生还应学习如何保持合适的站位姿势，以便随着年龄的增长更好地掌握更高级的技术。

（二）技术基础训练

由于大学生的身体素质和协调性仍处在发展时期，教师应将重点放在基本技术的建立上。学生逐步学习正手和反手推球、正手和反手挑球等基本技术，注重挥拍动作、击球点和击球力量的掌握。

（三）脚步和移动技巧

考虑到大学生的年龄特征，教师应注重对其移动技巧的培养。学生可从中学习如何在球场上灵活移动，包括前后移动、侧移和倒地救球等技巧。这有助于他们更好地掌握球场和迎接来球，同时促进身体的协调性和平衡感的发展。

（四）发球和接发球技术

考虑到大学生的年龄，教师应引导他们学习不同类型的发球和接发球技术，如高远发、平远发和切削发等。这有助于学生逐步掌握发球的技术，并应对各种发球方式。

（五）羽毛球控制技术

教师应强调羽毛球的控制技术，包括控制弧线和速度，以适应不同的比赛情况。这有助于学生提高准确性，同时培养他们的手眼协调性。

（六）截击技术

由于大学生的快速反应能力是在成长过程中逐渐提高的，教师应专注于对其截击技术的培养。学生可从中学习如何迅速移动到正确的位置并准确截击来球，同时将球传送到对手难以应对的位置上。

（七）双打和混双技巧

鉴于合作和协调对于大学生而言可能较具挑战性，教师应引导他们学习

双打和混双比赛的基本技巧。学生可从中逐步提高合作意识，协调好攻守和分工，以实现更好的配合。

（八）比赛策略和战术

为了满足年轻学生的认知发展，教师应引导他们学习基本的比赛策略和战术，如控制、攻击、防守和变化等。学生可从中了解如何根据对手的强项和弱点、比分情况以及场地条件等因素来制定战术。

这些课程内容应根据学生的年龄和体能水平进行适度调整，以确保学生在羽毛球运动中建立坚实的技术基础，培养起浓厚的兴趣，同时促进身体和认知发展。

第三节　羽毛球运动与身心健康

随着我国大学生的体质健康逐年下降等问题的出现，羽毛球运动被认为是一项有助于学生提高体质、培养兴趣和塑造自我满意度的有效途径。这项运动可以对大学生的身体健康和心理状态产生积极影响，从而有助于培养大学生的终身体育意识。下面详细探讨羽毛球运动对大学生体质、自我效能和自我满意度等的影响。

一、羽毛球对大学生的体质和兴趣的积极影响

教育部健康监测结果显示，我国大学生的体质健康逐年下降，这引起了广泛的担忧。针对这一问题，羽毛球运动提供了一种积极的解决方案。首先，羽毛球是一项高强度的有氧运动，通过持续奔跑、跳跃和挥拍，可以显著提高大学生的心肺功能和耐力水平。这有助于改善他们的整体体质，增强免疫力，减少患病风险。其次，羽毛球是一项有趣且易于上手的运动，适合各年龄段人的参与。在大学生中，羽毛球的受欢迎程度正逐年上升，这项运动为他们提供了锻炼身体、释放压力和培养运动兴趣的机会。

二、羽毛球运动对大学生的自我效能的积极影响

羽毛球运动不仅有助于提高大学生的体质健康和培养兴趣，还可对其自我效能感产生积极影响。自我效能感是指个体对于自己能够成功完成某项任

务或达成某个目标的信心和信念。羽毛球运动培养了大学生的自信心，他们通过学习和掌握羽毛球技巧提高了竞技能力。在比赛中取得好成绩和战胜对手，可以显著增强大学生的自信心和自我效能感。此外，羽毛球运动还可以培养自我控制、毅力和耐力等重要品质，这些品质对提高自我效能感可起到关键作用。

三、羽毛球运动对大学生的自我满意度的积极影响

自我满意度是指个人对自己在某个领域内表现的评价和感受，它对个人的心理健康和生活质量具有重要影响。羽毛球运动可通过多种方式提高大学生的自我满意度。首先，通过此项运动学会接受自己的不足，培养自己的优点，以及建立积极的自我形象，大学生能够更好地认识和接纳自己，从而提高自我满意度。其次，通过羽毛球比赛的团队合作和互助，大学生的归属感和自我认同感增强，这对于提高自我满意度至关重要。最后，羽毛球运动可培养积极的自我效能感，这种信心和信任会影响人的自我满意度，使之更愿意积极应对生活中的各种挑战，从而提高自我满意度。

四、羽毛球运动对大学生心理品质的积极影响

第一，羽毛球运动可减轻焦虑和抑郁。大学生常常承受学业压力和生活压力，而羽毛球运动被证明有助于释放压力、缓解焦虑和抑郁症状。研究发现，参与羽毛球运动的大学生通常更具积极情绪，心理状态更稳定。第二，羽毛球运动有助于培养团队合作精神。羽毛球运动通常以双打或混合双打形式进行，这要求球员之间密切合作和协作。通过羽毛球运动，大学生能够培养团队合作精神，提高沟通能力，并增强团队成员之间的信任感。第三，羽毛球运动能提高社交互动性。参与羽毛球比赛和训练通常涉及与其他球员的互动，这有助于大学生建立新的社交圈子，增进友谊和社交技能，对于改善社交关系、减轻孤独感和提高生活质量非常有益。

综上所述，羽毛球运动对大学生的体质、自我效能感和自我满意度等能产生积极的影响。羽毛球运动不仅有助于改善大学生的体质健康和培养运动兴趣，还能提高大学生的自信心、自我效能感和自我满意度。因此，在高校推广和开展羽毛球运动，不仅可以帮助大学生保持身体健康，还能够促进他

们的心理健康和提高自我认知度，培养积极向上的体育意识。

问题与思考

1. 具体而言，你喜欢哪一种羽毛球练习方法？

2. 你认为哪种羽毛球技术练习方法最适合自己当下的练习环境？

3. 你认为在羽毛球战术中，技术和体能哪个更重要？

第三章　羽毛球热身运动与专项素质训练

　　热身运动（warm-up）又称准备运动，它是某些全身活动的组合。好的热身运动可以起到很好的运动辅助作用。人体从安静状态进入剧烈的运动状态，需要一个适应的过程，充分做好热身运动不仅能提高中枢神经系统的兴奋性，而且能改善植物性神经系统。徒手热身的顺序原则是"自上而下，从头到脚"。拉伸和热身，前一个是静态，可以减少乳酸堆积，放松肌肉群；后一个是动态，可以唤醒肌肉机能。在进行主要身体活动之前，以较轻的活动量，先行活动肢体，为随后更为强烈的身体活动做准备，其目的在于提高随后进行的激烈运动的效率和安全性，同时满足人体在生理和心理上的需要。首先，热身有助于减少运动损伤，运动前热身可以让筋腱更加灵活，增加关节活动范围，防止出现关节、韧带以及肌肉损伤等情况。其次，运动前热身能加速身体血液循环，让运动部位的局部体温升高。在加强肌肉力量的同时，还可以增加流向肌肉的血液量，使全身提前进入运动状态。最后，运动前热身能够帮助调节心理情绪状态，使大脑皮层处于兴奋状态。热身使心率功能增强、肺功能增加、新陈代谢加强，从而可以更好地发挥肌肉的速度与力量，以利于各器官之间的相互配合，协调提高运动器官的工作能力，提高身体素质，提高运动能力，预防伤害事故。

　　锻炼之前，人体的机能和工作效率不可能在一开始就达到最高水平，因而需要通过热身调整运动状态。因此，关注课堂上的热身运动环节具有十分重要的现实意义。

本章共分五节内容，第一节介绍课堂上常用的几种徒手热身运动，第二节介绍几个常用的持拍热身运动，第三节研究热身运动与身心健康的应用，第四节介绍羽毛球的专项素质练习，第五节以教学案例的形式介绍热身运动项目。

第一节　徒手热身运动

准备活动是体育课的重要环节之一。在我们的体育课堂上，这个环节从小学到中学一直延续到大学。虽然这些活动看似简单，但它们在防止受伤和提高课堂运动表现方面发挥着不可忽视的作用。

在热身运动中，应遵循"从头到脚，从上到下"的原则，逐渐激活身体各个部位，以确保我们的肌肉和关节准备好进行体育活动。

一、头部运动

站立时闭上眼睛，双手叉腰，垂下头，然后慢慢向左和向右扭动头部，直至回到原位，每遍重复2次。同时，上下摆动头部，确保颈部肌肉也得到活动。

二、肩部绕环运动

站立时将双臂呈斜45度伸直，然后以肩为轴心进行上下绕环练习，或者将手掌呈鹤嘴状置于肩部，进行上下绕环，这有助于放松和活动肩部关节。

图3-1　头部运动　　　　　图3-2　肩部绕环运动

三、扩胸运动

站立时，双手握拳，弯曲肘部，上臂与胸部基本平行，用力向后拉伸胸部。这两个动作交替进行，每个动作重复 40 次，直到胸部有轻度的酸痛感。

四、腰部绕环

站立时双手叉腰，使腰部围绕身体纵轴进行顺时针或逆时针方向的动作。

图3-3　扩胸运动　　　　　　　　　图3-4　腰部绕环

五、弓步压腿

左脚向前跨出，大小腿呈 90 度，右腿伸直，两脚全脚掌着地；上半身俯身并用手尽量贴向地面，髋部向下压，确保大腿始终与地面平行；然后再次站起，重复 8 次后换右脚进行相同的动作。

图3-5　弓步压腿

六、侧压腿

以左腿为例,将左腿向左侧伸直,全脚掌接触地面,脚侧面与身体左侧平行,支撑腿略微弯曲;然后蹲下,直到感到大腿内侧有明显的拉伸感。压腿时要注意挺直上身,不前倾或后仰,同时保持目视前方。完成后,收回左腿,换右腿进行相同的动作。

七、手腕脚踝运动

对于手腕,可以双手十指交叉,然后转动手腕,这有助于活动手腕关节。对于脚踝,可以站稳一只脚,另一只脚的脚尖着地,脚跟抬起,然后以脚尖为中心,前后或者绕环活动脚跟,以活动脚踝关节。

图3-6　侧压腿　　　　　　　　图3-7　手腕脚踝运动

总之,热身运动的目的是确保我们的身体各个部位都得到充分的活动和准备,以便在体育课上表现出色并降低受伤的风险。

第二节　持拍热身运动

持拍热身运动在羽毛球体育课中具有多重意义,不仅有助于学生熟悉球性,体会发力的感觉,巩固技术动作,还能够增加课堂趣味性。以下是我们在课堂上进行的几个持拍运动。

一、原地颠球练习

练习目标：在规定的次数内连续颠球，体会停球卸力的感觉。

（一）正手颠球

右手向前伸出，前臂做外旋动作，使拍头向右下方回环，手腕展开。在击球时，前臂内旋，同时进行手腕内旋，发力击球。

易错纠正：手腕缺乏发力动作，前臂动作不够流畅或过于曲折，或将肩关节作为轴点导致上臂向上做端送动作。

（二）反手颠球

右手向前伸出，前臂做内旋动作，拍头向左下方回环，肘部向前送出，前臂自然摆向左下。击球时，前臂外旋并同时进行手腕外旋，发力击球。

易错纠正：握拍方式未能正确转换成反手握拍，肘部没有完成向前送出的动作，击球时肘部下沉，导致颠球的动作不自然，或者击球点距离身体太近。

图3-8　正手颠球

图3-9　反手颠球

二、原地捡球练习

练习意义：熟悉球的感觉，培养发力感觉，同时减少弯腰动作，保护腰部。

练习要点：将球头对准自己，拍面贴紧球面，拍子和地面呈约 45 度，采用舀水的动作来捡球。捡球时主要依赖手指和手腕的力量，手指需要控制拍面与地面的角度，手腕需要施加力量。捡球时，拍面与地面的角度应大于40~45 度，拍子应与球头和地面轻贴，拇指、食指和中指应配合旋转拍面。同时手腕也应参与，使拍面沿着球的轨迹前进。

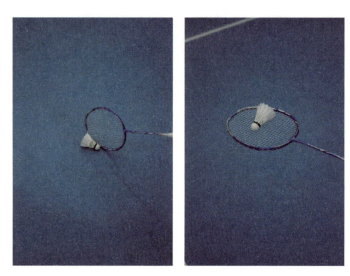

图3-10　原地捡球练习

三、原地扔球练习

练习步骤：学生徒手持球，侧身站在球场边，双手举起，做好扔球的准备动作（类似羽毛球发高远球的动作）。然后，后方脚蹬地，带动腰部发力，身体向前方转体，同时手臂向后拉伸。在身体完全转向前方的瞬间手臂向前挥动，并在手腕达到高点的同时将球掷出。掷球的瞬间，手腕和手指同时发力，为球注入最后的力量，并调整掷球的方向。

练习要点：转体运动要带动手臂挥动，以充分利用腰部的力量。左右协调时要保持身体的平衡和协调性。在准备动作时，应将持球的手往后（背部）拉伸，以确保肩部能够舒展开。此外，持球手一侧的脚应采用拇指尖着地或"丁"字步伐。

练习形式：对墙扔球是一个有效的练习形式。学生侧身对着墙，采用扔球的动作将球扔向墙，球在墙上反弹后，学生要迅速接住来球，然后重复此过程。此外，也可以进行两人对抛练习，两名学生站在一定距离内，相互对抛球，以提高掷球技巧和反应速度。

图 3-11　原地扔球练习

持拍持球的热身活动是课前的重要准备，能够提高学生的体育技能水平。同时，注重正确的动作和姿势，有助于减少受伤的风险。

第三节　热身运动与身心健康

热身运动在体育课和运动训练中扮演着至关重要的角色，旨在提高身体状态和减少运动损伤的风险。除了其生理效益外，研究表明热身运动还可以对心理健康产生积极影响，这一点同样不容忽视。

一、热身运动对生理健康的积极影响

第一，热身运动可以提高运动员的肌肉温度和血流量，这有助于提高肌肉的弹性和神经传导速度。这些生理改变有助于提高运动员的力量和爆发力，并改善协调性能和反应时间。例如，篮球运动员在热身运动后会展现出更高的命中率和更快的跑动速度。

第二，热身运动可以减少运动伤害风险。研究表明，热身运动可以改善肌肉的柔韧性和关节的稳定性，从而降低肌肉拉伤、扭伤等运动伤害的风险。

例如，足球运动员进行热身运动可以明显减少膝关节损伤的发生率。

二、热身运动对心理健康的积极影响

第一，热身运动可以减少运动员的焦虑和紧张情绪。进行热身运动可以显著降低青少年和大学生的焦虑水平，同时增强其积极情绪，创造更好的心态。这有助于运动员在比赛前保持冷静和专注。

第二，热身运动可以提高运动员的心理健康水平和幸福感。热身运动有助于提高个体的身体满意度、生活质量和幸福感。此外，它还能提高运动员的自我接纳程度和增强自尊心，促进更积极的心理状态，从而有利于维护运动员的心理健康。

第三，热身运动可以促进运动员的社交互动和团队合作。团队性的热身运动可以增强参与者之间的社交联系和情感联系，有助于团队合作和信任的建立，提高工作绩效和加强团队精神。

三、热身运动的个体差异和适度性

热身运动的效果可能会因运动项目、热身方式和个体差异而有所不同。因此，在设计热身运动计划时，应根据具体情况进行个性化设计，以达到最佳效果。

过度的热身运动可能会导致运动员消耗过多能量，从而在比赛中精力不足，影响表现。因此，适度的热身运动对于维持运动员状态的平衡而言至关重要。

综合来看，热身运动在体育教学和运动训练中的积极作用不仅限于生理方面，还包括对心理健康的积极影响。它是提高运动员表现、减少伤害风险和促进整体身心健康的重要环节。同时，需要考虑个体的差异和适度性，以确保热身运动的最佳效果。这一综合性的认识有助于更好地利用热身运动来提高运动员的综合素质。

第四节　专项素质练习

专项素质练习将运动的实际情境与训练相结合，在羽毛球运动中扮演着

桥梁的角色，包括力量素质、专项步伐、专项体能以及力量练习。以下分别介绍每个部分的内容和方法。

一、力量素质训练

力量素质是身体素质的基础，对羽毛球运动而言至关重要。力量素质主要集中在速度、力量（爆发力）和耐力的提高等方面。速度则涉及动作速度和移动速度。

二、专项步伐练习

（一）练习内容

专项步伐练习是羽毛球运动中的核心训练，包括前后跨步、开合跳、左右跨步、原地小碎步、原地高抬腿、前后跳、单脚跳、V字跳、展腹跳/收腹跳、开腿跳等多种动作。每个动作都有其独特的技巧和要点，需要反复练习以提高技术水平。

> **注意事项：**训练时应选择穿着适合的羽毛球鞋或其他运动鞋，以避免受伤。练习时间应控制在15~20分钟，以确保下肢肌肉得到充分锻炼。

1. 前后跨步
在微微跳起的同时出腿，向前做弓箭步动作，左右腿进行交换练习。

图3-12　前后跨步

2. 开合跳

在微微跳起来同时出腿，向两侧跨步，宽度略比肩宽，收腿时两腿并拢。

图3-13　开合跳

3. 左右跨步

在微微跳起来的同时出腿，分别向两侧做出跨步弓箭步，脚尖方向对准跨步方向。

图3-14　左右跨步

4. 原地小碎步

在做此项练习时，应重心微微下沉，两脚与肩同宽，以最快的频率脚尖点地，并重复该动作。

图3-15　原地小碎步

5. 原地高抬腿

练习时应保持上半身直立，当做高抬腿动作时，要求大腿尽量抬高与地面平行，大腿与小腿呈 90 度。

图 3-16　原地高抬腿

6. 前后跳

在做向前和向后跳动作时，双腿应尽量并拢，脚尖点地，手背后。

图 3-17　前后跳

7. 单脚跳

单脚跳时重心应尽量保持平衡，小腿和脚踝同时发力向上跳跃。

图3-18　单脚跳

8. V字跳

此项训练应按照V字的形状进行跳跃，在做该动作时，要求双腿尽量并拢，脚尖向斜前方45度。

图3-19　V字跳

9. 展腹跳 / 收腹跳

展腹跳要求跳起来时在空中形成一个背弓的状态，两臂成"山"字形；收腹跳要求跳起来时在空中迅速收腹，双手抱膝。

图 3-20　展腹跳/收腹跳

10. 开腿跳

开腿跳要求跳起来时在空中两腿分开并迅速收腹，用手触摸脚尖后落地，收回双腿并合拢。

图 3-21　开腿跳

（二）练习形式与方法

1. 集体围圈练习

学生围成大圈，按照教师口令执行专项步伐。

2. 弹力带辅助练习

小腿套上小阻力弹力带进行跨步、并步、开合跳等步伐练习，以增加难度。

3. 要点和易错点

- 注意姿势和重心的稳定。

- 步伐的大小应适中，不可过大或过小。

- 对步伐的方向和准确性需要特别关注，应确保其与场地边线或中线贴近。

- 脚的着地要有弹性，同时要迅速准备下一步。

三、专项体能

（一）练习内容

专项体能练习包括核心力量练习和上、下肢力量练习等，这些练习有助于提高羽毛球运动员的身体素质和比赛表现。

1. 核心力量练习

（1）平板支撑。双肘弯曲支撑在地面上，肩膀和肘关节垂直于地面，双脚踩地，身体离开地面，躯干伸直，头部、肩部、胯部和踝部保持在同一平面，腹肌收紧，盆底肌收紧，脊椎延长，眼睛看向地面，保持均匀呼吸。

图3-22　平板支撑

（2）平板侧撑。侧躺，用前臂支撑，保持双腿笔直，腿和脚呈 90 度。

图 3-23　平板侧撑

（3）臀桥。臀部达到顶峰位置时，保持膝、髋、肩三点呈一线。

图 3-24　臀桥

（4）一头起。肩胛骨抬离地面后双手伸直，同时保持直腿，用手触膝。

图 3-25　一头起

（5）两头起。两臂向头上伸直，两腿伸直，腹部发力，将臂伸直带动上体抬起，同时两腿也伸直抬起，用手触碰到小腿。

图3-26　两头起

2. 上肢力量练习

（1）颈后推举。练习时注意吸气，将杠铃向上垂直推举至头的正上方，注意不要弓背。

图3-27　颈后推举

（2）胸前推举。练习时应注意向斜上方发力，同时脚下做出小弓箭步的动作。

（3）杠铃架上推举。练习时尽量让肩部去贴近臀部，不要耸肩，同时使劲后缩肩胛骨，以保证肩胛骨的稳定。

图3-28　胸前推举

图3-29　杠铃架上推举

（4）前臂正屈伸。练习时应适当挺胸沉肩收紧背，不要耸肩，避免在动作过程中斜方肌借力。

图3-30　前臂正屈伸

（5）前臂反屈伸。做该动作时应适当挺胸沉肩收紧背，不要耸肩，以避免在动作过程中斜方肌借力；同时手心应向前。

图3-31　前臂反屈伸

（6）手腕屈伸。练习时重心应降低，肘部顶住膝盖，双腿与肩同宽，发力时用手腕腕力抬起杠铃然后再慢慢放下，重复此项动作。

图3-32　手腕屈伸

（7）前后摆臂大回转。抬臂时应保持一定的稳定性，举臂的高度应与肩同高，右手举臂的同时左手向后摆动，并重复练习。

图3-33　前后摆臂大回转

注意事项： 上肢力量训练是提高羽毛球运动员技术水平和增强身体素质的重要途径。在进行训练时，需要注意以下几点。

● 选择合适的重量和组数。一般来说，每个动作中选择的重量应该能让你完成8~12次，做3~4组。如果轻重合适，你会感觉到肌肉酸痛，但不至于过度劳损。同时，要注意恰当的休息，给肌肉充分的恢复时间。

● 正确的姿势和动作。正确的姿势和动作非常重要，因为错误的姿势和动作容易导致受伤或者效果不佳。例如，在练习哑铃前曲举时，应该抬起胸腔并挺直腰背，同时避免大幅度的摆动。

● 合理的练习节奏。练习节奏应该适中，不宜过快或过慢。太快会影响动作的准确性和稳定性，太慢则会浪费时间。建议在动作的高峰处稍微停顿一下，让肌肉得到更好的刺激。

● 注意不同部位的平衡。在做上肢力量练习时，要注意不同部位的平衡。例如，对肱三头肌和肱二头肌的练习应该相互配合，保持平衡发展。此外，还要注意前后、左右肌群的均衡。

● 着重强化核心肌群。核心肌群是指腹直肌、腰部肌群和背部肌群等。这些肌群的强化可以提高身体的稳定性和平衡能力，从而更好地支撑打球动作。

3. 下肢力量练习

（1）深蹲。选择合适重量的杠铃，进行深蹲练习，注意下蹲时膝盖不要超过 90 度。

图 3-34　深蹲

（2）负重跨步。肩负杠铃，来回进行大跨步练习，跨步幅度要大，重心要下降到位。

图 3-35　负重跨步

（3）负重行进间高抬腿。肩负杠铃，做行进间高抬腿练习。

图3-36　负重行进间高抬腿

（4）负重跳。肩负杠铃，稍屈膝，原地向上跳跃（包括前后、左右的分腿和并腿等）练习。

图3-37　负重跳

（5）负重半蹲起。肩负杠铃下蹲，当膝盖弯曲至90度时，立即蹬直两腿。

图3-38　负重半蹲起

（6）负重弓箭步下压。肩负杠铃成弓箭步后，用力下压重心。两腿前后交替进行。

图3-39　负重弓箭步下压

（7）负重提铃。两脚开立，从深蹲提铃开始，做伸腿提铃置膝上动作，停留4~6秒。

图3-40　负重提铃

（8）负重深蹲后跳起。肩负杠铃深蹲后向上跳起。

图3-41　负重深蹲后跳起

注意事项：下肢力量训练对于提高羽毛球运动员的水平而言至关重要。在进行下肢力量训练时，有一些易错点需要注意，同时需要加以正确的动作纠正和科学总结。

1. 易错点

• 过度依赖器械。很多人在进行下肢力量训练时会过度使用器械，如腿举机、推腿机等，但这样容易导致训练效果不佳，因为它们无法模拟真实场景中的动作。

• 姿势不正确。正确的下肢力量训练姿势非常重要，姿势不正确容易造成受伤或者训练效果不佳。例如，深蹲时膝盖不能超过脚尖，否则容易损伤膝盖。

• 过度训练。一些人认为反复进行同样的训练可以快速提高下肢力量，但事实上过度训练会产生负面影响，导致肌肉疲劳、酸痛和受伤等问题。

2. 动作纠正

• 深蹲：保持身体挺直，膝盖不能超过脚尖，同时保持重心在脚跟处。

• 硬拉：下背部要挺直，臀部向后伸展，同时注意不要弯曲手腕。

• 跳箱：起跳时要用力推脚，同时注意落地时膝盖要微屈，以避免受伤。

• 多种训练方式交替进行：如深蹲和台阶踩踏，以及单腿深蹲和单腿弓步等。

• 掌握正确的呼吸方式：做深蹲、硬拉等动作时，应该在上升的时候吸气、下降的时候呼气，这样可以更好地提高肺活量和运动效果。

3. 总结

力量训练不仅可以提高羽毛球水平，还可以提高身体素质，增强抵抗疾病的能力。要取得良好的训练效果，需要注意以下几点：

• 坚持训练。下肢力量的提升需要长时间的坚持和努力，要有耐心和毅力。

• 合理安排训练计划。根据自己的身体状况和目标，制订合理的训练计划，避免训练过度或者不足。

• 注意休息。适当的休息可以帮助身体恢复，避免因过度训练而产生的问题。

总之，下肢力量训练是羽毛球运动员必备的训练项目之一，正确的训练方法和技巧非常重要。

（二）练习方式与方法

将羽毛球场地分为四块，分别安排四项不同的项目；练习完和下一人交换，轮换下一个项目。训练举例：

场块 1：双摇练习，要求 100 个双摇一组。

场块 2：跳球桶练习，要求左右跳球桶，30 次为一组。

场块 3：平板支撑练习，要求 2 分钟支撑为一组。

场块 4：正反手曲臂练习，要求正反手各 20 次，一组四人，循环一次为一组，练习时以 3~4 组为宜。

（三）训练过程中的问题

专项练习过程中，一定要侧重身体的练习部位，关注身体整体的协调性和爆发力。

1. 练习重点

（1）核心肌群训练。核心肌群训练是腹部、背部和臀部等肌肉的训练。这些肌肉群是控制身体稳定的重要组成部分。针对这些肌肉群进行训练可以增强身体的稳定性，提高爆发力和灵活性。常见的核心肌群训练包括仰卧起坐、平板支撑、桥式等。

（2）下肢肌肉训练。下肢肌肉是身体最重要的肌肉群之一，其力量决定了运动员跳跃和奔跑的速度和高度。下肢肌肉训练主要包括深蹲、单腿蹲、弓步蹲等。

（3）上肢肌肉训练。上肢肌肉也是身体不可或缺的肌肉群，尤其是手臂和胸部肌肉。上肢肌肉训练包括举重、俯卧撑、引体向上等。

2. 易错点

（1）过早增加重量。在进行力量训练时，很多学生会过早地增加重量，这会导致肌肉受伤、疲劳和不能持久训练等问题。因此，在进行力量训练时，一定要根据自己的实际情况和能力逐步增加重量和提高强度。

（2）忽略身体其他部位的训练。许多学生在进行力量训练时，只注重某些特定部位的训练，而忽略了身体其他部位的训练。这会导致身体不平衡，从而影响运动员的整体表现。因此，在进行力量训练时，应该全面锻炼各个部位的肌肉。

四、教学案例

本堂课中，我们专注于教授学生羽毛球的基础技能——原地扔球。这项技能不仅可以作为热身活动，还是后续羽毛球训练和比赛的关键基础。本课程分为四个主要阶段：

第一阶段，教师对技术要领的介绍。教师向学生详细阐述正确的扔球姿势和技巧。重点强调扔球时应该抓住球头的正确方法，以确保球的飞行路径。

第二阶段，学生的实际练习。根据学生的不同水平，教师将学生分成小组，分批进行扔球实际练习。应使每组都接受个性化的指导和支持，以确保每位学生都能逐渐掌握正确的扔球技能。

第三阶段，扔球比赛。每组学生派出代表进行扔球比赛。这有助于提高学生们的竞技精神，同时让他们在比赛中应用所学的技巧。

第四阶段，纠正和总结。该阶段包括纠正学生可能犯的错误，并对本节课的表现进行总结。教师应与学生一起探讨和解决可能出现的问题，并给予表现出色的学生肯定和鼓励。

本教学案例强调逐步教学法，从技术要领的介绍开始，然后转向实际练习，再到竞赛和总结阶段。此外，教师还可以采用提问和引导的方式，激发学生的思考和互动，帮助他们更好地理解和掌握扔球技巧。最终，通过评估和总结，教师应确保学生在课程结束时取得明显的进步，同时提供个性化的改进建议，以适应不同学生的需求和水平。这种内容丰富的教学方法有助于提高学生的学习效果和技能水平。

本节课中，教师以羽毛球原地扔球为教学主题，旨在帮助学生掌握正确的扔球技巧，为未来的羽毛球训练和比赛打下坚实的基础。首先，教师详细讲解正确的扔球姿势和动作要领，着重强调抓住球头的重要性。其次，学生被分成不同水平的小组，每组依次进行扔球实践，教师提供个性化的指导和辅导。通过多次练习和反复演示，学生逐渐掌握正确的扔球技巧，并在练习中不断提高。最后，教师增加练习难度，引导学生进行更复杂的扔球练习和组合动作，以巩固所学内容。

在学生实践环节，学生排队轮流扔球，每轮结束后换下一组学生。教师在学生练习过程中进行提问，引导学生思考和自我纠正，如为什么不能手持

羽毛球的球毛、动作的区别有哪些和力量控制的要领是什么等问题。这样的提问可以激发学生的思考和参与，从而帮助他们更好地理解和记忆正确的动作要领。

学生容易出现的错误包括不正确地抓住球头、缺乏充分的转体、使用上肢小臂的力量扔球以及扔球方向偏离目标等。针对这些问题，教师应采取相应的纠正方法，如口令提醒、分解动作、多次练习和控制身体转动幅度等。这些纠正措施可帮助学生逐渐克服错误，提高扔球的准确性和保证合适的距离。

课程结束前，教师对本节课表现出色的学生进行点评和表扬，同时针对存在训练问题的同学提出改进建议。通过总结本节课的教学效果，学生得以更全面地理解扔球技巧，为以后的羽毛球训练打下坚实的基础。此外，针对不同学生的需求和水平提供个性化的改进建议和指导，以确保每个学生都有所收获。通过观察、测试和调查问卷等方式，对教学效果进行评估和总结，以便改进教学工作，提高教学水平。

本教学案例通过有逻辑的方式呈现了教师的教学过程、学生的实践环节以及教学评估和效果评价，强调了教学目标和方法的逐步实施，同时突出了纠正措施和个性化指导的重要性。

问题与思考

1. 常见的徒手热身运动有哪些？
2. 你知道的专项步伐有哪些？
3. 从生理学角度看，热身运动对我们有哪些实际意义？
4. 捡球动作的要点是什么？
5. 扔球练习时，为什么要侧身蹬地？

第四章　羽毛球握拍、发球基本技术与练习方法

羽毛球运动的握拍和发球技巧是该运动的基本功。正确的握拍和发球技巧不仅可以提高运动员的比赛水平，还能降低运动中的受伤风险。本章分两节介绍羽毛球运动的握拍和发球技巧，着重强调基本动作和训练方法。

第一节　握拍基本动作和训练方法

正确的握拍是羽毛球运动的基础。通过合理的握拍，球拍和球员的手可以完美融合，使球员能够自如地迎击来自不同方向和不同速度的羽毛球。握拍主要分为正手握拍和反手握拍。在羽毛球比赛中，可能会看到专业选手的握拍方式各不相同，这是因为在实际比赛中，为了更好地控制羽毛球的落点，运动员会根据个人习惯微调握拍方式，以达到更好的击球效果。然而，这些微调都是基于正手握拍和反手握拍这两种基本握拍技巧之上的。因此，基本握拍方式至关重要，需要通过反复训练来建立肌肉记忆。

下面介绍一些常见的握拍技术种类及其应用。这些技术主要以右手握拍者为例，左手持拍者则相反。羽毛球来球时，球员通常有两种情况：在身体左侧和在身体右侧。对于来球在身体右侧的情况，采用正手握拍法，包括身体右侧的正手正拍面击球和头顶后场的正手正拍面击球。而对于一切来球在身体左侧的情况，采用反手握拍法，包括身体左侧的反手反拍面击球。这种区分和应用握拍技巧的方法有助于提高球员的反应速度和掌握比赛中的不同

击球技巧。

　　总之，羽毛球运动中的握拍技巧是基础中的基础，是打好羽毛球的关键。通过适当的训练和不断的练习，球员可以提高握拍的准确性和效率，从而在比赛中表现出色，并降低受伤的风险。

一、正手握拍动作要领

　　首先，用左手拿住球拍的中杆，使拍框面垂直于地面呈90度。右手张开，将虎口对准拍柄斜棱上的第二条棱线。当你看向球拍时，应该同时看到四条棱线。然后，以类似握手的方式轻轻握住拍柄。大拇指和食指应该贴在拍柄两侧的宽面上，大拇指位置略低于食指，但要高于其他三根手指。食指和中指之间略微分开，而中指、无名指和小拇指则并拢握住拍柄。保持拍柄与掌心之间留有一定的空隙，不要紧贴在一起。握拍的位置可以根据个人情况进行微调，通常拍柄的下端应与手掌的小鱼际肌群接近。握拍的力度要适中，就像握住一个鸡蛋一样；握得太轻会导致挥拍时球拍滑落，而握得太紧则会限制挥拍的灵活性和力量释放。

图4-1　正手握拍

二、反手握拍动作要领

　　首先，用左手拿住球拍的中杆，使拍框面垂直于地面呈90度。反手握拍在正手握拍的基础上稍作微调。将球拍的拍柄略微外旋，大拇指贴紧在拍柄的宽面上，或者放在斜棱之间的小窄面上。食指稍微向下倾斜，第二节食指紧贴大拇指对面的宽面，大拇指略高于食指，食指和中指之间略微分开，而中指、无名指和小拇指则并拢握住拍柄。握拍的位置和握拍的力度与正手握拍方式相似。

图4-2 反手握拍

三、其他握拍技巧

处理网前小球时，主要依靠大拇指和食指来控制球拍，其他手指辅助控制。

处理中后场球时，主要依靠无名指和小拇指来握拍，其他手指应保持相对松弛，以便更好地发挥力量。

在实际比赛中，尤其是双打比赛时，我们可能需要进行拍柄的整体移位。前场握拍时，手握紧锥盖；而后场握拍时，手握紧底盖。这些技巧需要我们根据不同情况灵活运用。

四、初学者常见的握拍错误

（1）虎口对位错误。虎口对齐的位置应该是眼睛从左到右看到的四条棱线中的第二条棱线，不是第一、第三或第四条棱线。

（2）握拍力度把握不准。握拍应该是虚握，随意挥动但不会滑动。同时，不能像拳头一样将拍柄紧紧攥住。

（3）食指握拍时是按在宽边的上部，不发力，仅用其余四根手指攥住球拍。

五、握拍训练方法

（1）用左手拿住球拍中杆，右手握拍，按照正确的动作要领，用肉眼观察握拍的姿势，并由握拍的手独立调整，完成正手握拍动作或反手握拍动作。

（2）通过反复的练习和肉眼校准后，逐渐过渡到不用肉眼观察，只凭借拍柄的位置感觉出是否正确握拍。

（3）在可以依靠感觉分辨是否正确握拍后，只用持拍手随意旋转拍柄，轻松调整至正确握拍方式。

（4）两种握拍方式熟练后可以开始进行正反手握拍方式的转换，以及握拍位置的高低转换，直至可以任意变换自己的握拍方式和位置。

第二节　握拍发力技巧和训练方法

羽毛球是一项竞技体育，击球是我们得分的必要手段，在进行羽毛球运动时，羽毛球拍作为我们身体的延伸，为了让羽毛球到达我们所想的位置，飞出完美的弧线，我们除了要学习如何去握住球拍，更要学习如何掌握球拍，让它代替我们的手去击打羽毛球，赢得胜利。

一、握拍发力

握拍发力分为正手握拍发力和反手握拍发力。握拍发力主要是依靠我们的手指对球拍施加力量，正手握拍和反手握拍的手指位置不同，所以两种握拍发力的动作要领也有所不同。

（一）正手握拍发力

正手握拍是扣压球拍发力，以大拇指为支点，食指扣压发力，后面三指协助发力。扣压发力动作要领有以下几点：

（1）将羽毛球拍用正手握拍姿势握在手中，拍子竖直朝上，然后用大拇指的指关节和食指的底部钳住球拍，后面三指展开。

（2）击球瞬间，食指略微弯曲扣压球拍，大拇指握紧球拍，后面三指握紧按压球拍，手腕跟随食指发力方向转动发力。

（3）发力动作完成后，手腕带动大拇指发力将球拍顶回初始位置。

（4）展开后面三指是为了让初学者更好地感受发力，熟悉后可以用标准正手握拍进行发力练习。

（二）反手握拍发力

反手握拍发力动作一般有两种，一种是顶压发力，一种是捻转发力。

1. 顶压发力动作要领

（1）将羽毛球拍用反手握拍姿势握在手中，拍面垂直地面，拍柄的宽面朝自己，然后用大拇指和食指的第一节捏住球拍，小鱼际顶住拍柄底部，后面三指展开。

（2）击球瞬间，大拇指顶压球拍外推，后面三指发力扣紧球拍，手腕外压发力，不发生转动。

（3）发力动作完成后，手腕与食指发力将球拍顶回初始位置。

2. 捻转发力动作要领

基于常规发力，以大拇指和食指为主导，通过转动球拍进行发力。

（1）先将球拍用反手握拍的姿势握好，然后转动拍面至平行地面，大拇指的右半边顶住小斜面，食指的第二节放在与大拇指相对的斜边上，后面三指轻握球拍，不发力。

（2）大拇指和食指通过摩擦拍柄的方式使拍面旋转，同时后面三指内扣协助发力使球拍旋转。发力完成后，大拇指位置为左半边顶在宽面上，其余手指为标准反手握拍的位置。

（3）发力动作完成后，依靠球拍拍头的重量翘起后面三指，同时回旋到初始位置。

二、握拍发力训练方法

（一）无球练习

训练目标：熟练掌握发力动作，加强小臂及手指力量。

训练道具：充气瑜伽球、大约40~50厘米长的棍子。

训练步骤：

（1）训练时，先只使用棍子进行正手和反手的发力动作训练，动作放慢，过程中用肉眼观察手指的位置及发力是否正确，直到熟练掌握。正反手每组30次。

（2）动作熟练后，加强力量练习。可以使用球拍或其他棍状物体（接力

棒、家用擀面杖等），左手固定充气瑜伽球，右手进行食指扣押练习或拇指顶压练习，借助瑜伽球的弹力加快发力的频率以及回弹力量，训练小臂及手指力量。正反手每组 30 次。

（二）多球练习

训练目标：熟练掌握捻转发力。

训练道具：羽毛球拍、多球。

训练步骤：

（1）两人一组，一个人负责扔球，一个人训练。

（2）训练时，训练者弓箭步站好，用反手握拍姿势准备好击球。扔球者扔出羽毛球，训练者捻转发力击球。多球每组 50 个。

> **注意事项：** 手指发力是羽毛球的重要技术之一，但掌握手指发力是一个漫长的过程，初学者手指不灵活、力量薄弱，一定要循序渐进地体会手指的作用，千万不要强求捻转发力，先从手臂发力为主，逐渐向手指发力进阶。

第三节　发球基本动作和训练方法

发球是羽毛球运动非常重要的一项基本技术。高质量的发球会让对方回球被动，在接下来的连续多拍中陷入被动防守，失去主动得分的机会，甚至出现接发球失误。而质量差的发球会让对方取得进攻的机会，让自己陷入被动，所以发球的质量是非常重要的，需要我们不断练习。

一、发球规则

（1）发球时，任何一方都不允许非法延误发球。

（2）发球员和接发球员都必须站在斜对角发球区内发球和接发球，脚不能触及发球区的界线；两脚必须都有一部分与地面接触，不得移动，直至将球发出。

（3）发球员的球拍必须先击中球托。同时，发球高度不超过 1.15 米。

（4）击球瞬间，球拍应指向下方，从而使整个拍头明显低于发球员的整个握拍手部。

（5）发球开始后，发球员的球拍必须连续向前挥动，直至将球发出。

（6）发出的球必须向上飞行过网，如果不受拦截，应当落入接发球员的发球区内。

（7）一旦双方运动员站好位置，发球员的球拍头第一次向前挥动即为发球开始。

（8）发球员须在接发球员准备好后才能发球，如果接发球员已试图接发球则被认为已做好准备。一旦发球开始，球被接发球员的球拍接触或落地即为发球结束。

二、发球动作要领与训练方法

发球一般分为正手发球和反手发球，根据球落点的不同也可以分为网前小球和高远球。不同的发球方式有不同的优势与应用场景，发小球可以快速抢网或等对手起球，拿到主动权调动对手或者进攻；而发高远球则可以将球压至对方底线，让对手难以组织有效的进攻，同时可以调整好自己的防守姿势，抓对面的过渡球。

（一）发球动作要领

1. 架拍

双脚"丁"字步侧身站立，持拍手向身体后侧架拍，非持拍手手拿球托放在胸前。

2. 引拍

转体带动挥拍，大臂带动小臂，手臂应贴着身体一侧挥拍至身体的最低点，此时拍面朝前，持拍手采用正手握拍姿势，左手捏住球托（以右手持拍者为例，左手持拍者相反即可），身体侧向，左肩对着前方。双脚前后站开，与肩同宽，左脚在前，右脚在后，左脚脚尖朝前，右脚垂直于左脚，两脚"丁"字步站在发球区靠中心线距离前发球线约1米处，身体重心主要在右脚。持拍手向身后架拍，肘关节自然弯曲，手腕舒展，把球拍引至身体右后方，手腕高度与腰部相当。左手持球举至胸口高度，与左脚脚尖方向一致。

3. 击球

准备击球，右脚蹬地，然后转身，此时身体正对前方，身体重心从右脚移动到左脚，同时手臂挥舞到最低点，大臂紧贴身体，随后大臂带动小臂，

图4-3 架拍

图4-4 引拍

从下往上，从后往前挥动，手臂伸直。在手臂与身体呈30~40度夹角时，羽毛球下落至左脚右前方、膝关节高度时为最佳击球点。此时手腕微曲，球拍正面击球，小臂内旋，手指握紧，扣压发力击球。

4. 随挥

击球后，持拍手臂随着发力的惯性自然向左上方挥动，将球拍挥到左肩上方，同时握拍手放松，恢复至标准正手握拍姿势。

图4-5 击球

图4-6 随挥

（二）发球发力技巧和训练方法

1. 发球发力技巧

利用身体转体带动大臂和小臂挥拍，在身体斜下方45度方向进行击打，整体发力技巧为身体带动手臂发力，使球向斜上方45度方向飞行。

2.训练方法

（1）辅助发球训练法1（扔球）：练习者在发球线附近，按动作要求做好发球挥拍，当动作做到引拍时，陪练者对练习者进行扔球，此时扔球的位置应该在练习者的斜下方45度位置。当球下落时，练习者挥拍击打。

（2）辅助发球训练法2（扔球）：练习者站在发球线附近，持拍手手拿球托，按动作要求进行挥拍，当挥拍至身体斜下方45度时将球抛出。此时，观察出球轨迹是否是正前上方飞行，飞行的轨迹就是练习者击球发力的方向。

（3）自主发球训练法：练习者站在发球线附近，按照动作要领做好发球动作，将球发出，反复练习。

（三）发球常见错误

（1）左手拿球时捏球毛，导致发球时球身晃动和击球不准。左手拿球一定要拿到球托，保证球可以平稳下落。

（2）击球过程中，身体没有跟随重心的变化而转动，只有手往前击球，动作不协调。

（3）击球点离身体太近，影响挥拍轨迹与击球点，导致球只往上飞，无法到对方后场。

（4）击球时大臂没有往前送出，只有小臂弯曲发力击球，导致手臂难以发力，球也飞不远。

（5）击球后，球拍停在身前或者挥到了右肩上方，没有顺势挥到左肩上方。

问题与思考

1.在分解动作发球过程中，应该注意哪个环节？

2.拍面对捡球的重要性有哪些？

第五章　羽毛球击球基本技术与练习方法

　　羽毛球击球基本技术是羽毛球技术体系的重要组成部分。首先，教师需要增加课堂趣味性，随着技术水平的提高，大学生可以更好地理解、掌握和享受这个项目；其次，可以减少受伤风险，不正确的技术和姿势，可能会导致大学生在运动期间身体受到伤害，因此基本技术的掌握可以帮助大学生降低受伤风险；最后，也是最重要的是能够提高整体技术水平，有助于大学生在比赛中表现出更好的水平。

　　羽毛球基本技术大致由前场击球技术、中场击球技术、后场击球技术和击球点技术构成，每一个击球动作又有更多的动作分支，丰富了羽毛球的基本击球体系。针对各类击球技术，通过特定的基本技术训练，进行学习与巩固。

　　教师如何在有限的时间内让学生学习了解羽毛球基本技术呢？这就需要教师建立了解—学习—精进的练习体系，通过讲解—示范—练习—测试，让大学生能够由浅入深、由简入繁地了解羽毛球的基本技术。想要全身心投入较为枯燥的基本技术训练，是一件较为困难的事情，因此要在传统训练方式的基础上，加以总结归纳与创新，通过多种途径让大家享受基本技术训练的乐趣，在"玩"中练习，在"玩"中进步。

　　对于大学生来说，羽毛球击球基本技术是在体育课上能够学习到的基础技术，但是想要达到规范要求并不是一件简单的事情。一方面，学生要理解老师上课传授的基本技术知识，根据老师的示范动作进行规范练习；另一方

面，学生课后要发挥主观能动性，进行基本技术的巩固与提高。

羽毛球击球基本技术训练有利于大学生生理方面和心理方面的培养与进步。生理方面，训练时间长、强度高、范围广泛且频繁的击球有助于增强大学生身体的代谢和内在反应，增强身体机能和抵御力，提高力量、耐力和身体协调性，有利于降低运动损伤风险。心理方面，击球有助于培养大学生的耐心和团队凝聚力。羽毛球基本技术的训练较为枯燥，长时间坚持训练有助于培养大学生的耐心，对于各方面都有较好的帮助。多人合作有利于培养团队凝聚力，形成团队默契，提高团队合作能力。

第一节　前场击球技术与训练方法

一、前场击球技术

前场击球技术由搓球、放网、勾球、推球、扑球和挑球等技术组成。前场击球技术对于击球动作一致性要求较高，同时手指和手腕能够在击球的瞬间灵活地控制拍面以达到控制落点的目的。网前进攻灵活多变，往往会造成直接得分。即使无法直接得分，也能因为技术质量高，迫使对方被动起球，为下一拍进攻创造机会。

当然，前场击球技术对于球员的手感要求很高，因此练好前场击球技术往往不是在短时间能够完成的，需要大量的练习来提高击球技术。

（一）搓球

搓球是指搓切球托的下部和左右侧下部，使球旋转翻滚过网的一种网前技术。搓球可分为正手搓球和反手搓球。

1. 正手搓球

（1）准备时，选择正手握拍方式，做好搓球准备。

（2）在向前迎球时，球拍随手臂向右前上方斜举，并在最高点时前臂外旋，手腕略微向后弯曲，形成网前击球前期准备动作。

（3）击球时，前臂稍微外旋，手腕向内侧稍稍收至外展，迎着球形成展搓的动作，使球拍在手腕和手指的用力下，搓来球的球托下部，使球旋转翻滚过网。

（4）完成击球动作后，将球拍收回至胸前做好接球准备。

图5-1　正手搓球

2. 反手搓球

（1）准备时，反手握拍，将拍子举起约与网平齐，做出网前前期准备动作。

（2）迎球时，手臂上举、手腕稍微前屈的同时使拍面略低于网，用反拍面迎球。

（3）击球时，前臂前伸的同时进行外旋，与手腕内收共同发力，搓来球的球托下部，使球旋转过网。

（4）完成击球动作后，将球拍收回至胸前，做好接球准备。

图5-2　反手搓球

（二）放网

放网是在处理网前球时，将球慢慢打到对手网前的一项技术。放网时拍面尽量向上且手腕高度高于拍面。

1. 正手放网

（1）准备时，正手持拍做好放网准备。

（2）在向前迎球时，球拍随手臂向前上方举拍，此时手腕高于拍面。

（3）击球时，通过倾斜拍面将球弹过网即可。

图5-3　正手放网

2. 反手放网

（1）准备时，反手持拍做好放网准备。

（2）在向前迎球时，球拍随手臂向左前方举拍，此时手腕高于拍面。

（3）击球时，通过倾斜拍面将球弹过网即可。

图5-4　反手放网

（三）勾球

勾球也就是常说的勾对角，是指将右（左）边网前球击打到对方右（左）网前的一种网前技术。

1. 正手勾球

（1）准备时，摆出网前击球前期准备动作。

（2）迎球时，前臂前伸的同时，进行一定程度的外旋，手腕稍稍后伸。球拍向来球的右侧移动，立起拍面使其朝向对方的右侧网前。

（3）击球时，前臂内旋并向左做出拉收的动作，拨击球托的右下部分，使球沿网向对角线方向飞行。

（4）完成击球动作后，将拍收至大概右胸位置。

图5-5　正手勾球

2. 反手勾球

（1）准备时反手握拍，做出网前击球前期准备动作，前臂前伸使拍子大约于网带平齐。

（2）在身体前移的过程中，球拍随手臂下移至距离网带15~20厘米处，同时手腕向后弯曲，立起拍面，使反拍面朝向右侧。

（3）当球过网时，肘部下沉，前臂稍稍外旋，大拇指和食指发力向右拉动球拍，拨击球托左下部分，球沿网向对角线方向飞行。

（4）完成击球动作后，球拍向右侧收回至右胸位置。

图5-6　反手勾球

（四）推球

推球是指将对方击打过来的网前球推击至对方后场两个底角的球路。推球时，球的飞行弧度平、速度快，很容易使对方陷入较为被动的处境，导致回球质量偏低，为己方后面的击球创造优势。

1. 正手推直线

（1）准备时，站右侧网前，球拍向右前上方举，做好网前击球前期准备动作。

（2）迎球时，手肘前顶，前臂外旋，手腕后弯，球拍向后轻微收回，拍面正对来球。

（3）击球时，前臂内旋，手腕随前臂内旋至伸直，拍子快速由右、向前挥动推击球托后部，使球沿直线飞向对方后场。

（4）击球后，球拍收回至胸前，做好接球准备。

2. 正手推斜线

（1）前期动作和正手推直线一致。

（2）击球时，拍面由向前变为向左，推击球托的右后部分，使球沿对角线方向飞行。击球后，球拍收回至胸前，做好接球准备。

3. 反手推直线

（1）准备时，站在左侧网前，反手握拍将球拍举于网前，球拍上举。

（2）迎球时，前臂微收，手肘微屈，手腕外展，反拍面迎球。

图5-7　正手推斜线

（3）击球时，前臂前伸，大拇指向前发力，推击球托下部，使球沿直线飞向对方后场。

（4）击球后，手臂收回，做好击球准备。

4. 反手推斜线

（1）前期动作与反手推直线一致。

（2）击球时，前臂前伸并外旋，大拇指向右前方发力，拍面由向前变为向右，推击球托左后部分，使球沿对角线方向飞行。

（3）击球后，手臂收回，做好击球准备。

图5-8　反手推斜线

（五）扑球

扑球是网前球中威胁最大、最容易得分的球路。想要拥有网前扑球的机会，往往需要通过前面打法来铺垫，创造出扑球机会。当然，扑球也存在风险，是失误率很高的球路，因此需要球员拥有较高的判断能力和抓机会能力。

1. 正手扑球

（1）准备时，身体前倾，拍面冲前，球拍随手臂向右前方上举。

（2）迎球时，身体向右前方跃出，前臂稍向前伸并稍微内旋。

（3）击球时，手腕向后弯、内收至外展，拍子随手臂从右侧向左侧挥动扑球。

（4）扑球后，球拍随手臂收回至胸前，做好接球准备。

图 5-9　正手扑球

2. 反手扑球

（1）准备时，反手提拍，持拍于左前侧。

（2）迎球时，身体向左前方跃出，球拍随前臂前伸，手腕外展，大拇指顶于拍柄宽面处，反拍面正对来球。

（3）击球时，手臂伸直，大拇指向前下方发力，加速挥击扑球。

（4）扑球后，手肘回收，球拍随手臂收回至胸前，做好击球准备。

图5-10　反手扑球

（六）挑球

挑球的目的是在被动的情况下，将较为被动的球挑给对方，挑球质量的好坏决定了下一拍的准备时间和主动、被动程度。

1. 正手挑球

（1）准备时，球拍前伸，位于身体前侧。

（2）迎球时，前臂外旋，手腕后弯下放，拍子引至身体右下方。

（3）击球时，前臂内旋，手腕由外弯变为伸直最后内收，球拍由右下方向前击打球托。

（4）击球后，球拍随惯性继续向左侧挥至左肩出，之后收回至胸前做好接球准备。

图5-11　正手挑球

2. 反手挑球

（1）准备时，球拍前伸，位于身体前侧。

（2）迎球时，右脚前跨至左脚侧前方，球拍由身前引至身体左后方，手肘立起。

（3）击球时，球拍快速由左后方向前挥动，前臂内旋，手腕由内收变为外弯，击打球托底部。

（4）击球后，球拍随惯性继续向右侧挥至右肩出，之后随身体恢复收至胸前。

图5-12　反手挑球

二、前场击球技术训练方法

（一）原地击球练习

1. 分组

两人一组，一个人抛球，一个人练习，轮流进行训练。

2. 训练方法

教练员发球，练习者原地练习主动搓、勾、推、挑、扑五个技术动作。练习者做好上网弓箭步动作，40个球为一组，正反手各四组。训练时，在网前近网处和后场单双发球线之间设立小区域，要求每个球都打进规定范围。所有的主动网前击球都要求抢高点击球。

3. 训练目的

培养球员网前击球手感，提高球员抢高点意识，增强球员的网前稳定性和动作一致性。

4. 问题及解决方案

（1）抛球质量问题。很多时候，抛球者抛出的球可能带有旋转或者抛出的球并不在训练者的练习范围内，导致训练者练习质量下降。因此，对于抛球者来说，在抛球的过程中要更改抛球习惯。以右手为例，抛球时，手捏住球托，把整个手臂作为一个整体，将球向前抛出。抛球过程中，手腕应该在手臂向前摆动时锁住，这样抛出的球更加平稳，质量更高。

（2）抛球节奏问题。许多抛球者按照自己的节奏进行抛球，而不是根据练习者的需要进行抛球。想要解决这个问题，抛球者要与训练者提前商量，并在练习过程中进行调整，保证

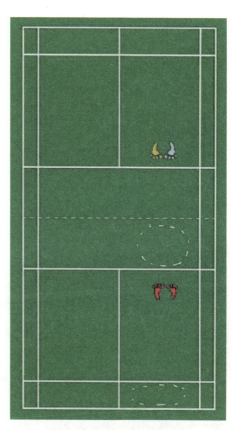

图 5-13 原地击球练习

抛球节奏适中，练习者每个球都能打到。

（3）练习者击球问题。在训练过程中，练习者无法保证每一次击球动作都是标准的，有时候还会存在动作变形的问题。想要解决这个问题，练习者要回归基础动作练习，根据自身动作问题，进行原地分解动作和连贯动作训练，20次为一组，进行四至五组无球训练，再进行三组有球训练进行巩固。

（4）练习者注意力问题。在训练过程中，练习者往往会随练习时间的推移而注意力下降，最终导致练习效果不佳。针对这个问题，练习者应该在练习过程中加以简单的脚步移动，一方面进行击球后的调整，一方面调整个人注意力问题。

（二）移动击球练习

1. 分组

两人一组，一个人抛球，一个人练习。移动训练分为半场移动训练和全场移动训练。

2. 训练方法

教练员发球，练习者由中场启动，做步伐上网击球，40个球为一组，正反手各三组，全场三组。进行训练时，练习者每次完成击球后都必须回到中场。

3. 训练目的

提高球员的反应速度和判断准确度。

4. 问题及解决方案

（1）抛球质量问题。移动击球练习对于抛球者的抛球质量要求更高，因此抛球者更需要注重抛球质量。在原地抛球基础上，手臂抛球时更应该稳定下来，将球抛到位。

（2）抛球节奏问题。在加入步伐移动后，抛球者抛球的节奏要更加稳定。很多时候会出现抛球者在训练者已经做完步伐上到网前才抛球的问题，这使得移动训练与原地训练并没有本质区别。为了解决这个问题，抛球者应当在训练者回到中间再次启动时就将球缓慢扔出，起到推动练习进行的作用。

（3）练习者步伐问题。在加入步伐训练后，训练者可能会产生不协调问题，仅仅能将注意力放在手上动作或者步伐上。针对这一问题，一方面要加强手上动作的肌肉记忆；另一方面要进行上网步伐训练，将手上动作与步伐结合，形成减慢速度熟悉动作到加快速度完善动作的过程。

（4）练习者击球问题。在移动训练过程中，练习者往往很难保证自己能够在正确的击球点击球。想要解决这个问题，练习者一方面要增强自己的主观能动性，在训练过程中积极去抢击球点；另一方面，练习者要积极进行步伐训练，在步伐训练中就争取做到抢击球点。

（三）被动击球训练（弹力带）

1. 分组

三人一组，一个人抛球，一个人练习，一个人辅助。三人轮流训练。

2. 训练方法

练习者将弹力带置于腰部，由辅助者在后场发力握紧弹力带另一端，练习者进行两侧前场被动击球练习。50~100个球为一组，每人三组左右。训练时，练习者要在弹力带拉扯下完成被动击球。

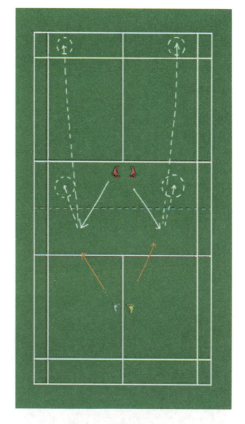

图5-14　移动击球练习

3. 训练目的

提高球员被动上网步伐速度和网前被动击球能力。

4. 问题与解决方案

首先，因为该项训练是针对被动击球的训练，所以要求训练者有较强的被动处理能力和摆脱能力。为解决这个问题，练习者可以通过无球训练和核心训练来增强自己的能力。无球训练主要是进行不持拍的被动步伐训练，要求在一定时间内完成训练内容；核心训练则可以聚焦于下肢训练，例如跨步训练和下蹲蹬转训练。

其次，因为训练者要在腰部系上弹力带，所以一旦注意力不集中就会导致受伤。想要解决这个问题，需要练习者将注意力完全集中于球上，不

要分心去关注弹力带，避免一心二用的情况出现。在辅助过程中，要将注意力集中在辅助上，不能分心，避免因分心导致弹力带脱手。此外，要控制好弹力带的力度与距离。根据训练要求和练习者力量情况改变弹力带与练习者的距离，保证训练者能接到球，但也要提高接球的难度以及练习者的训练质量。

（四）全场斜线被动上网练习

1. 分组

两人一组进行练习，由教练在两片场地中间负责扔球。

2. 训练方法

两人一组，练习大斜线上网被动击球练习，模拟比赛中的斜线被动上网情形。40个球为一组，每组两个练习者交换场地。训练者每次后退都要退到后场最角落的地方，再进行上网练习。

3. 训练目的

模拟比赛情形，从实际出发，训练球员被动击球能力。

4. 问题与解决方案

首先，因为该项训练是针对被动击球的训练，所以要求训练者有较强的被动处理能力和摆脱能力。针对这项训练，可以通过步伐训练来配合全场斜线被动上网练习。在进行步伐辅助训练时，要求球员在5步左右由右侧或左侧底角做步伐上至网前，做被动击球动作。这个练习一方面能够提高球员的被动摆脱能力，另一方面可以简化步伐，提高脚下步伐速度。

其次，解决动作可能产生变形的问题。较被动的上网可能导致动作出现变形，这种变形既指手臂上的变

图5-15　全场斜线被动上网练习

形，也指体态上的变形。想要解决这个问题，就要在训练过程中回归基础动作练习，根据自身动作问题，进行连贯动作和移动训练，20次为一组，进行4~5组无球训练，再进行3组有球训练进行巩固。同时，在练习过程中，模拟被动击球场景，按照自己的设想进行训练。

全场斜线被动上网练习过程中，抛球的速度与原地练习时的抛球速度存在较大差异。与原地练习不同的是，抛球者在这项训练过程中，看到练习者在后场底线做完挥拍动作后即可进行抛球。

当然，与原地练习相比，抛球者所抛出的球要更远。在练习过程中，抛球者应该将球抛至前发球线的位置，且球应有一个从上向下的初速度，模拟吊球。

（五）网前比赛

1. 分组

三至四人一组。

2. 训练方法

进行网前循环比赛。11分一局一胜，进行小组排名，对最后一名进行惩罚。

3. 训练目的

在比赛中提高球员对于前场击球技术的衔接；丰富球员网前技战术，提高战术意识。

4. 问题与解决方案

首先，网前比赛对于步伐要求并不高，这容易使练习者养成不按步伐进行移动的坏习惯。同时，网前比赛多集中于前发球线前，练习者的步伐多是平行移动，而并非传统步伐。想要解决这个问题，应当在平时练习时就培养回中意识，要求在比赛过程中也进行小幅度的回中。

其次，网前比赛主动抢网更多，注重回球的质量，被动回球少。因此，可以在比赛前要求在比赛过程中加入被动回球，通过加入各种限制条件，达到想要达到的比赛目的。

大学生羽毛球运动
理论与实践

教学案例

表5-1　前场击球技术训练课程实施方案

内容	1. 前场正反手搓球－勾球－推球－挑球技术动作练习 2. 指挥－被指挥的合作式练习					
教学目标	1. 通过前场击球技术练习，培养学生兴趣和团队精神，促进学生全面发展 2. 使学生掌握一定的网前技术技巧 3. 通过练习，培养学生上网的稳定性 4. 通过学习和练习，发展学生的模仿能力和协调能力 5. 在练习的过程中，培养动作一致性					

过程	课程内容	教师活动	学生活动	运动负荷		
				次数	时间	强度
准备部分 6分钟	一、课堂常规 1. 集合整队 2. 师生问好 3. 宣布内容 4. 安排见习 二、准备活动 慢跑热身：操场400米×3。 体育常规练习：准备活动，从头到脚	1. 集合整队 2. 师生问好 3. 宣布内容 4. 提出要求 5. 安排见习	1. 体育委员整队，向教师报告出勤人数 2. 三列横队，体操队形如下： ×××× ×××× ×××× ▲ 要求： 1. 快，静，齐 2. 认真听讲，精神饱满 3. 明确上课内容和要求	1 2	2 5	小 小
基本部分 30分钟	一、演示与介绍 给学生介绍前场正反手击球技巧： 1. 讲解击球点位置，对不同击球技术进行击球点区分 2. 讲解击球动作，将动作分为分解动作和连贯动作 3. 进行动作展示，对每一个动作进行详解和发力展示	1. 宣布课堂内容 2. 讲解网前击球动作技巧，详细分解，进行动作展示和连贯动作展示 3. 教师讲解后续训练、口令安排和练习内容以及分组，带领学生进行统一的基础动作练习	1. 认真听教师讲解 2. 进行分组 3. 听教师口令进行原地练习 （1）三列横队成体操队形散开，队形如下： ×××× ×××× ×××× ▲ （2）认真观看教师的动作示范	1	10	中

过程	课程内容	教师活动	学生活动	运动负荷		
				次数	时间	强度
基本部分 30分钟	二、口令式练习 教师进行口令指挥，学生根据教师要求和口令，进行统一的动作练习。 三、小组自由练习 根据分组进行分组自由练习，由组长带领进行练习，教师则进行指导和纠错	4.巡回指导，注意观察学生的各种错误动作、错误击球点位置、手腕发力和动作连贯性问题 5.鼓励学习较慢的同学 6.分组安排练习 7.结合课程进行思政教育	（3）学生之间相互练习，观察有无错误动作 （4）连贯练习，体会引拍－挥拍－卸力的过程。根据教师指导，改进自己的动作，提升动作的一致性 （5）组内进行练习，学习能力较强的学生为学习能力较弱的学生讲解，并分析不足	3	4	强
设计意图	1.教学内容 前场击球动作作为羽毛球基础动作的一个重要组成部分，由搓球、勾球、推球、挑球和扑球等技术组成。学生不仅要掌握基础动作，还要了解击球点、握拍的区别，更要注重对动作一致性的培养。 2.教学组织形式 统一练习：学生按照教师的教学口令和教学要求，统一进行练习。要求学生在练习过程中集中精力，动作做到规范统一。 小组自由练习：学生分为三个组进行自由练习。小组自由练习要求学生自行巩固，并做到能力较强的带动能力较弱的。小组自由练习一方面能够培养学生的自主意识，另一方面能够培养学生的团队意识和竞争意识。教师可以在小组练习过程中进行一对一和一对多的纠错指导。 通过准备活动和基础部分练习，提高学生的身体素质，培养学生对于羽毛球的兴趣					
结束部分	1.放松活动 2.课堂小结 3.归还器材，宣布下课	1.带领学生放松 2.点评学生的表现，具体到个人	1.按教师指导放松 2.认真听讲，反思学习表现 3.师生道别			
课程思政	在教学过程中，介绍中国羽毛球的发展历史，让学生了解历史、熟悉历史，并体会其中的精神。 从推动羽毛球运动在中国发展的步步艰辛到现如今的辉煌成就，离不开前人为现在奠定的基础，其中的艰辛和困难是人们无法想象的，也正是前人的无私奉献和"开荒拓土"，为中国羽毛球事业打下了坚实基础。 通过历史介绍，让学生意识到，当他们步入社会后，应为祖国建设贡献出自己的一份力量					

第二节　中场击球技术与训练方法

中场击球技术主要由平抽挡技术和接杀技术组成。平抽挡技术是双打的主要技术之一，但也在单打中偶尔使用，能够起到改变比赛节奏、出奇制胜的作用。接杀技术则是防守技术的基础，接杀质量的高低往往能够直接影响防守反击的进行。

中场击球技术要求球员有出色的控球和判断能力，中场技术往往能够在攻防转换中起到重要作用。

一、中场击球技术

（一）平抽挡技术

平抽挡技术主要由抽球和中前场下压技术组成。平抽挡技术要求球速快、飞行弧度较平和击球的连贯性。

1. 正手抽球

（1）准备时，右脚稍微向右横跨一小步，球拍随右臂向右上方上举，手肘立起，保持一定的角度。

（2）迎球时，前臂后摆并稍外旋，手腕后弯，拍面冲向来球方向。

（3）击球时，前臂快速内旋并向想要击打的方向挥动，手腕快速伸直，拍面击打球托底部，使球向击打的方向平飞。

（4）击球后，球拍顺势摆向左侧卸力。之后再次恢复抽球准备动作，做好连续击球准备。

图5-16　正手抽球

2. 反手抽球

（1）准备时，球拍置于胸前方，身体重心向左侧轻微移动，做好击球准备。

（2）迎球时，右脚左跨至左脚的左前方，身体左转，右臂向左侧略微抬起，手肘上抬，球拍引向左侧，拍面冲向来球方向。

（3）击球时，大拇指顶压拍柄向击打的方向发力，前臂快速内旋，手腕由内弯至伸直，反拍面击打球托底部，使球向击打的方向平飞。

（4）击球后，球拍随身体恢复而收至胸前，做好下一拍击球准备。

图 5-17 反手抽球

3. 正手下压

（1）准备时，两脚稍微分开与肩同宽，两膝微曲，举拍做好击球准备。

（2）迎球时，根据来球位置，脚下进行微调，将来球让至右肩前的位置。右臂稍微上抬后摆并稍微外旋，手腕后弯，球拍上举。

（3）击球时，前臂快速向前挥动的同时内旋发力，手腕由后弯至前弯，向前下方发力，根据想要击打的方向调整拍面，击打球托后部。

（4）击球后，球拍顺势向左卸力，之后迅速恢复到下压准备动作，做好连续击球准备。

图5-18　正手下压

4. 反手下压

（1）准备时，球拍置于胸前方，身体重心略微向左侧偏移，做好击球准备。

（2）迎球时，右脚左跨至左脚的左前方，身体左转，右臂向左上方抬起，手肘立起，球拍引向左后方，手腕外弯，反拍面冲向来球方向。

（3）击球时，大拇指顶压拍柄，前臂快速向前挥出并外旋，向前下方发力，据想要击打的方向调整拍面，反拍面击打球托后部。

（4）击球后，球拍继续向右侧顺势卸力，随身体恢复并迅速恢复下压准备动作，做好连续击球准备。

图5-19　反手下压

（二）接杀球技术

接杀球技术在实战中对于攻守交换起到了重要的作用。接杀球的球路是多变的，往往看起来很被动的接杀会因为出其不意的变线而演变成得分。

1. 正手接杀

（1）准备时，身体重心降低，球拍置于胸前，做好接杀准备。

（2）迎球时，向右跨步，前臂侧伸，带动手肘外旋，球拍在向右伸出的同时向后微摆。

图5-20　正手接杀

（3）击球时，手腕由外弯变为伸直，借助对方杀球的力量，向前上方挡网，击打球托底部。若要挡斜线，前臂稍微内旋，手腕由外弯至内收，拍面冲向对角线，加快挥拍速度，向左拉动球拍。将击球点置于身体右侧，击打球托右后部分。若要在接杀时将球挑起，顶回对方后场，则接杀时前臂内旋发力，加快挥拍速度。

（4）击球后，球拍回收至胸前，根据挡网质量，做好接下来的接球准备。

2. 反手接杀

（1）准备时，降低身体重心，球拍置于胸前，做好接杀准备。

（2）迎球时，右脚向左跨出，身体向左转动，手肘弯曲立起，手腕伸直。

（3）击球时，大拇指轻微顶压拍柄，轻微内旋，向前上方挡网。若要挡斜线，手肘抬起，前臂伸直并外旋，手腕外弯，击打球托左下部分，将球拨向对角线。若要在接杀时将球挑起，顶回对方后场，则接杀时前臂外旋发力，加快挥拍速度。

（4）击球后，球拍随身体转动收回至胸前，根据挡网质量，做好接下来的接球准备。

图5-21　反手接杀

二、中场击球训练方法

（一）平抽挡全场练习

1. 分组

三人一组，两人陪练，一人训练，三人轮换。

2. 训练方法

三人进行平抽挡训练。该训练要求球员减少失误的同时能够提高抽球质量；每人 10 分钟；训练者可以在进行平抽挡时改变线路，陪练者的球路主要以直线为主。

3. 训练目的

模拟双打比赛中双方平抽挡的球路，提高球员的判断能力和平抽技术。

4. 问题及解决方案

（1）陪练失误问题。造成失误的原因有两个，一是精力不集中，二是球速快造成反应不及时。要想解决这两个问题，要求陪练者在陪练过程中保持精神集中，同时在平抽挡过程中主动进行分球变线。

（2）套路问题。球路的单一性会导致训练没有意义。因此，在进行平抽挡训练的过程中，要丰富抽球线路，优先进行分球，将直线抽球与斜线抽球结合。

（3）无法形成多拍问题。与陪练者相比，练习者更应该通过控制来提高多拍数量以达到训练目的。练习者要充分利用分球进行摆脱，减少自己左右移动的距离。同时将抽与挡结合，变被动为主动。

（4）力量问题。很多时候无法形成多拍是因为练习者小臂力量不够。想要提高抽挡技术与力量，可以进行对墙抽球练习。抽球时，上手位抽球，大臂保持不动，小臂发力，进行多拍抽球练习。

（二）平抽挡多球训练

1. 训练方法

陪练者站在场地中间，向练习者所在的场地中场的左右边线发球（平球），有规律、无规律均可，每边 10 个，20 个为一组，共四组。

2. 训练目的

提高球员的控球能力，在多球训练时丰富球员的球路。

3. 问题及解决方案

（1）发球位置问题。很多时候发球者发球位置过于偏后，无法保证练习者的训练质量。正常的平抽挡多球训练应该选择上手位发球，将球向前略平发出至中场靠前的位置。

（2）发球套路问题。平抽挡多球训练发球本就只有中场两点，想要增加训练难度只能通过增加发球套路，如重复落点、由左向右连续推球接封网等。

（3）练习者失误问题。平抽挡多球训练是一个相对简单的多球训练，因此更应该将注意力放到减少回球失误、提高回球质量上。想要减少失误，就要集中注意力，认真做好回球；想要提高回球质量，应该更加主动地迎球、击球，聚焦于回球质量与回球球路上。

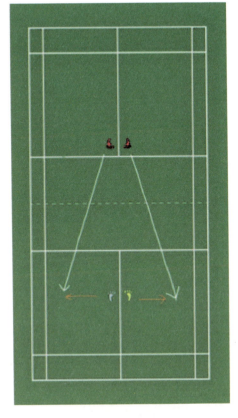

图5-22　平抽挡多球训练

（4）练习者步伐问题。很多人会因为只需要左右平移选择跑动而不是步伐，导致步伐凌乱。想要解决这个问题，一方面要加强步伐训练，通过持拍和无拍的步伐训练，熟悉、巩固并提升步伐质量；另一方面要加强下肢力量训练，加强下肢力量和腰腹力量，提升蹬转速度，从而加快步伐。

（三）接杀吊多球训练

1. 训练方法

进行多球训练，模拟比赛强度。

2. 训练要求

陪练者站在场地中间，向练习者所在的场地中场的左右边线发球，以及向左右两边前场发球（有规律、无规律均可），40个球一组，前三组佩戴沙袋，最后一组不佩戴。发球者发球需要具备一定套路，模拟真实比赛进攻球路。

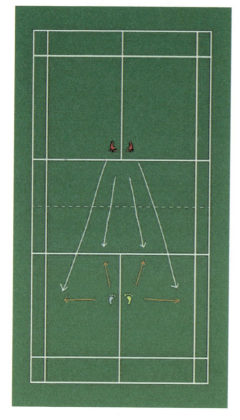

图5-23　接杀吊多球训练

3. 训练目的

提高选手防守能力，熟悉防守套路，使球员养成自己的防守习惯。

4. 问题及解决方案

（1）对于发球者来说，最需要注意的就是发球问题。接杀吊多球训练的发球更需注重节奏感和连贯性，而不是发球的速度。想要发好接杀吊多球，首先是要在上手位发球，发球时更注重下压和停顿。其次在发球过程中，要根据练习者的站位，进行更加合理的配球，将杀球与吊球相结合。同时，因为四组分为三组佩戴沙袋一组不佩戴沙袋，因此每组发球过程要根据练习者的负重情况进行合理的发球规划。

（2）练习者的步伐问题。接杀吊多球训练本就更多是被动防守训练，因此可能会因为连续的被动防守而导致步伐凌乱，最终化为失误。想要解决这个问题，要增加接杀吊多球的步伐练习，可以通过无球步伐练习，加强步伐的训练；也可以通过计时步伐等多种步伐训练来进行加强与巩固。其次是回球问题。很多人在进行接杀吊多球训练时更注重将球打回去而不是注重回球线路。想要解决这个问题，应该在练习过程中将更多的精力放在回球线路上，如接杀挡直线、接杀抽斜线、接吊跳球、接吊放网，在平时定点训练时就要养成积极分球的习惯。

（四）全场二攻一训练

1. 分组

三人一组，两人陪练，一人练习，三人轮换。

2. 训练方法

两人方以进攻为主，只能打网前球和杀球，一人方只能防守。每人10分钟，进攻方不以攻死防守方为目的，需要防守方进行多拍防守。

3. 训练目的

增加防守难度，提高防守抗压能力，提高防守者的被动摆脱能力。

4. 问题及解决方案

（1）站位问题。对于陪练者来说，可以选择两种站位方式。第一种是左右平行站位，这种站位要求两个人各占一个半场，只需要顾及自己半场的球即可。这种站位优势在于每个人只需要照顾自己的半场，因此失误整体要少于前后站位，但是缺点在于，如果两个人的实力并不均衡，则练习者只需要将注意力集中于更强的那个人即可。第二种是前后站位，这种站位要求一个人在后场进攻，另一个人在网前封网做球。这种站位的优势在于可以让能力较强的陪练者站在后场，弥补平行站位的实力差距，但是缺点在于，站在后场的陪练者会随着时间的推移精力和体力下降，失误率升高。因此在选择站位时，要根据两个陪练者的实力而定，充分发挥两个人的特点。

（2）球路问题。对于平行站位来讲，每个人负责一个半场可以尽情发挥个体的技战术特点，但是可能会因为需要前后场都照顾到，所以球路应该更稳定，减少自己的移动距离和失误。对于前后站位来说，后场球员球路可以更广，将球打到边边角角；而网前的人更应该以做球为主，为后场球员创造进攻机会。当然，对于全场二攻一这个训练来说，陪练者应该让训练者充分跑动，形成攻防多拍，因此后场的进攻应以连贯为主。

（3）练习者技战术问题。首先，全场二攻一训练能够更好地模拟比赛防守情况，因此在练习过程中，练习者应该按照比赛时的防守强度来进行。同时，在训练过程中应充分利用自身优势，合理利用技术。其次是多拍问题。在防守过程中，通过挣扎与摆脱，对自身的位置、步伐进行调整也是需要考虑的问题。要想形成多拍，就要具有较强的挣扎能力，这就需要多球训练来进行辅助训练，通过多球训练帮助自己熟悉套路，填补空缺。

教学案例

表5-2 中场平抽挡技术训练课程实施方案

内容	1. 中场平抽挡技术动作练习 2. 指挥 – 被指挥的合作式练习 3. 多球式练习					
教学 目标	1. 通过中场平抽挡练习，培养学生的竞争意识和拼搏意识 2. 使学生掌握一定的平抽挡技巧 3. 通过练习，培养学生的上肢力量和瞬间爆发力 4. 通过学习和练习，发展学生的模仿能力和协调能力 5. 在练习的过程中，培养学生的动作一致性 6. 在练习的过程中，培养学生的拼搏精神					

过程	课程内容	教师活动	学生活动	运动负荷		
				次数	时间	强度
准备 部分 6分钟	一、课堂常规 1. 集合整队 2. 师生问好 3. 宣布内容 4. 安排见习 二、准备活动 慢跑热身：操场 400米×3。 体育常规练习： 准备活动，从头 到脚	1. 集合整队 2. 师生问好 3. 宣布内容 4. 提出要求 5. 安排见习	1. 体育委员整队，向教师报告出勤人数 2. 学生三列横队，体操队形如下： ×××追 ×××追 ×××追 ▲ 要求： 1. 快，静，齐 2. 认真听讲，精神饱满 3. 明确上课内容和要求	1 2	2 5	小 小
基本 部分 30分钟	一、演示与介绍 教师进行动作要领的讲解和示范。 1. 讲解平抽挡技术的击球点位置，讲述击球点不同所带来球的不同 2. 讲解在平抽挡过程中不同动作、身体力量的使用 3. 讲解连贯动作并进行示范	1. 宣布课堂内容 2. 讲解中场平抽挡动作技巧，详细进行连贯动作示范和发力展示 3. 讲解后续训练口令安排、练习内容以及分组，讲述多球练习时的抛球标准，带领学生进行统一的基础动作练习	1. 学生认真听教师讲解 2. 进行分组 3. 听教师口令进行原地练习	1	10	中

续表

过程	课程内容	教师活动	学生活动	运动负荷		
				次数	时间	强度
基本部分30分钟	二、口令式指挥 教师进行口令指挥，学生根据教师的要求和口令，进行统一的动作练习。 三、多球练习 对学生进行分组，进行动作练习和多球练习。 进行动作练习时，由组长带领进行统一口令练习和分别练习。 进行注意练习，由下一个练习者为当前练习者抛球	4.巡回指导，注意观察学生中的各种错误动作、错误击球点位置、手腕发力和动作连贯性问题。针对多球练习中的不规范动作进行纠错 5.鼓励学习较慢的同学 6.分组安排练习 7.结合课程进行思政教育	（1）三列横队成体操队形散开，队形如下： ×××× ×××× ×××× ▲ （2）认真观看教师的动作示范 （3）学生之间相互练习，观察有无错误动作 （4）连贯练习，体会平抽挡过程中的发力。根据教师指导，改进自己的动作，提升动作的连贯性和一致性 （5）组内进行练习，学习能力较强的学生为学习能力较弱的学生讲解，分析不足 （6）进行多球练习，做到认真对待练习和抛球	3	4	强
设计意图	1. 教学内容 中场平抽挡是羽毛球中场击球技术的一个重要组成部分，由抽球和挡网技术组成。学生不仅要掌握基础动作，也要了解击球点、握拍的区别，更要注重对动作一致性的培养。了解平抽挡的发力过程，避免在练习过程中产生身体损伤。 2. 教学组织形式 统一练习：学生按照教师的教学口令和教学要求，统一进行练习。要求学生在练习过程中集中精力，动作做到规范统一。 小组自由练习：学生分为三个组进行自由练习。小组自由练习要求学生自行巩固，并做到能力较强的带动能力较弱的。小组自由练习一方面能够培养学生的自主意识，另一方面能够培养学生的团队意识和竞争意识。教师可以在小组练习过程中进行一对一和一对多的纠错指导。 多球练习：通过进行多球练习，使学生深刻了解击球过程中的发力技巧。 通过准备活动和基础部分练习，提高学生的身体素质，提升学生的羽毛球能力					

续表

过程	课程内容	教师活动	学生活动	运动负荷		
				次数	时间	强度
结束部分	1. 放松活动 2. 课堂小结 3. 归还器材，宣布下课	1. 带领学生放松 2. 点评学生的表现，具体到个人	1. 按教师指导放松 2. 认真听讲，反思学习表现 3. 师生道别			

课程思政	培养学生奋勇拼搏和永不放弃的精神。
	    羽毛球运动具有竞争性、对抗性、高强度等诸多特点，因此心志品质在运动中占有非常重要的地位。比赛中，运动员需要在场地快速移动击球，主动时大力杀球，被动时扑救球以及双打时不停轮转换位等。一场激烈的羽毛球比赛用时 1 小时左右，需要消耗大量的体力，多拍击球的现象屡屡出现。
	    教师可以安排学生观看比赛视频片段，尤其是回合数较多的片段，让学生感受运动员仅仅只为得一分、为一个球的获胜而奋勇拼搏的精神，只要有一丝反败为胜的希望都绝不轻易放弃的精神。培养学生不轻言放弃，在球落地之前每球必争、奋勇拼搏、绝不认输的精神品质					

表5-3　中场接杀技术训练课程实施方案

内容	1. 中场接杀技术动作练习 2. 指挥 – 被指挥的合作式练习 3. 多球式练习
教学目标	1. 通过中场接杀技术训练，培养学生的拼搏意识和永不言弃的精神 2. 使学生掌握一定的接杀和被动回球技巧 3. 通过练习，培养学生的接杀能力 4. 通过学习和练习，发展学生的模仿能力和协调能力 5. 在练习的过程中，培养学生动作的一致性

过程	课程内容	教师活动	学生活动	运动负荷		
				次数	时间	强度
准备部分 6分钟	一、课堂常规 1. 集合整队 2. 师生问好 3. 宣布内容 4. 安排见习 二、准备活动 慢跑热身：操场 400 米 ×3。 体育常规练习：准备活动，从头到脚	1. 集合整队 2. 师生问好 3. 宣布内容 4. 提出要求 5. 安排见习	1. 体育委员整队，向教师报告出勤人数 2. 学生三列横队，体操队形如下： ××××× ××××× ××××× ▲ 要求： 1. 快，静，齐 2. 认真听讲，精神饱满 3. 明确上课内容和要求	1 2	2 5	小 小

过程	课程内容	教师活动	学生活动	运动负荷		
				次数	时间	强度
基本部分30分钟	一、演示与介绍　教师进行动作要领的讲解和示范。　1.讲解平抽挡技术的击球点位置，讲述击球点不同所带来击球的不同　2.讲解在平抽挡过程中不同动作、身体力量的使用　3.讲解连贯动作并进行示范　二、口令式指挥　教师进行口令指挥，学生根据教师要求和口令，进行统一的动作练习。　三、多球练习　对学生进行分组，进行动作练习和多球练习。　进行动作练习时，由组长带领进行统一口令练习和分别练习。　教师进行抛球，学生逐个练习	1.宣布课堂内容　2.讲解中场平抽挡动作技巧，详细进行连贯动作示范和发力展示　3.讲解后续训练口令安排、练习内容以及分组，带领学生进行统一的基础动作练习　4.巡回指导。注意观察学生的各种错误动作、错误击球点位置、手腕发力和动作连贯性问题。针对多球练习中的不规范动作进行纠错　5.鼓励学习较慢的同学　6.分组安排练习　7.进行多球练习中的抛球训练，并逐一指导　8.结合课程进行思政教育	1.学生认真听教师讲解　2.进行分组　3.听教师口令进行原地练习　（1）三列横队成体操队形散开，队形如下：　××××　××××　××××　▲　（2）认真观看教师的动作示范　（3）学生之间相互练习，观察有无错误动作　（4）连贯练习，体会平抽挡过程中的发力。根据教师指导，改进自己的动作，提升动作的连贯性和一致性　（5）组内进行练习，学习能力较强的学生为学习能力较弱的学生讲解，分析不足　（6）进行多球练习，做到认真对待练习，不因训练难度而放弃	1 3	10 4	中 强

续表

过程	课程内容	教师活动	学生活动	运动负荷		
				次数	时间	强度
设计意图	1. 教学内容 中场接杀技术是羽毛球防守技术的一个重要组成部分，由接杀挡网和接杀勾对角技术组成。学生不仅要掌握基础动作，也要了解击球点、握拍的区别，更要注重对动作一致性的培养。了解接杀的发力、卸力过程，避免在练习过程中产生身体损伤。 2. 教学组织形式 统一练习：学生按照教师的教学口令和教学要求，统一进行练习。要求学生在练习过程中集中精力，动作做到规范统一。 小组自由练习：学生分为三个组进行自由练习。小组自由练习要求学生自行巩固，并做到能力较强的带动能力较弱的。小组自由练习一方面能够培养学生的自主意识，另一方面能够培养学生的团队意识和竞争意识。教师可以在小组练习过程中进行一对一和一对多的纠错指导。 多球练习：通过教师帮助进行多球练习，使学生深刻了解击球过程中的发力、卸力技巧，亲身体会接杀过程。 通过准备活动和基础部分练习，提高学生的身体素质，提升学生的羽毛球能力					
结束部分	1. 放松活动 2. 课堂小结 3. 归还器材，宣布下课	1. 带领学生放松 2. 点评学生的表现，具体到个人	1. 按教师指导放松 2. 认真听讲，反思学习表现 3. 师生道别			
课程思政	竞争贯穿体育活动的始终。培养学生合理的竞争意识。 羽毛球活动包括赛前对对手技战术的预测估计，比赛时因对手临场战术改变而调整己方技战术等，以及比赛间歇时自己技战术的改变。合理的竞争意识可以激发学生的无限潜能，发挥自身最高的技术水平，灵活运用战术。 在培养学生竞争意识的过程中，要善于发现学生不正当的竞争行为并及时遏制，并进行教育。养成良好的竞争意识，培养学生的健全人格，弘扬体育精神					

第三节　后场击球技术与训练方法

后场击球技术由高远球、吊球、杀球组成，是羽毛球进攻的主要手段。后场击球变化多、线路广，要求球员对球的控制更准确，对球员的爆发力有更高的要求。

一、后场击球技术

（一）高远球、平高球

高远球和平高球有很多相似之处，平高球比高远球的进攻威胁性更大，高远球则是摆脱被动的重要手段。

1. 正手高远球、平高球

（1）准备时，右脚后撤至身后，架拍做好击球准备。

（2）迎球时，手肘前引，前臂外旋，立起球拍位于右后背处，完成引拍动作。

（3）击球时，前臂内旋，手腕锁住，带动球拍由右后方快速向前上方，击打球托底部，同时右腿顺势由后侧向前迈出。

（4）击球后，球拍顺势挥至左侧，之后收回至胸前，同时左腿跟上前，大致与右腿平行。

图5-24　正手高远球、平高球

2. 反手高远球、平高球

（1）准备时，右脚由右侧经左前最终跨至左后侧，身体顺势转动，背冲球网，立肘，球拍随前臂伸至左侧，由正手握拍变为反手握拍。

（2）迎球时，手肘抬起，前臂下落，手腕稍微外弯。

（3）击球时，前臂快速外旋，手腕外弯程度增加，击打球托底部，向前快速击打。

（4）击球后，球拍随身体恢复，顺势收至胸前。

图5-25 反手高远球、平高球

（二）吊球

吊球是一种使球过网立刻下坠到发球线附近位置的一种球路，是后场进攻的主要手段之一。吊球的重点是在击球瞬间收力，击球力量远小于平高球和杀球。

1. 正手吊直线

（1）准备动作和迎球动作，与正手高远球一致。

（2）击球时，前臂内旋，带动拍面由立起向左旋转大约180度，切击球托左下部，手腕由外弯到最终完成击打后伸直，球拍向身体左前方挥动。

（3）击球后，右脚上前，球拍顺势收至胸前。

2. 正手吊对角

（1）准备动作与正手吊直线一致。

（2）迎球时，手臂转动，手肘立起，手腕略微后弯，球拍立起于右后背处。

（3）击球时，手臂向上挥拍，前臂外旋，拍面切击球托右下侧，手腕逐渐伸直。

（4）击球后，右脚顺势上前，球拍向左，卸力后收至胸前。

3. 头顶吊斜线

（1）准备动作与正手吊直线相似，身体向左后旋转。

（2）迎球时，上臂向身体右上方举起，前臂和球拍向左后摆。

（3）击球时，前臂向右前方挥动并外旋，手腕伸展，带动球拍由右后上至右肩处，快速切击球托左下部。

（4）击球后，右脚上前，球拍顺势收至胸前。

4. 反手吊球

（1）准备时，准备动作与反手平高球一致。

（2）迎球时，手肘向身体右上方举起，前臂稍微下摆。之后前臂面对来球，开始上摆时，手腕后弯，带动球拍向下方挥动。

（3）击球时，前臂快速向右上挥动并外旋，手腕后弯，根据想要击打的方向调整拍面，拍面切击球托下部或左下部。

（4）击球后，前臂略微内旋，带动球拍收回至胸前。

图5-26　反手吊球

（三）杀球

杀球是将对方击打过来的高球在较高的击球点下压至对方中场附近的球路。杀球力量大、球速快，在进攻中给对方造成很大的威胁。杀球有很多种类，根据力量可以分为重杀、轻杀、点杀；根据落点可以分为长杀、短杀。杀球是进攻手段中最实用的，也是得分效果最好的球路。

1. 正手起跳杀球

（1）准备时，降低重心，做好起跳击球准备。

（2）迎球时，侧身起跳，提肩，带动手臂和球拍上举。身体右转，展腹，上臂向后摆起，前臂自然向后摆，手腕后弯。身体在空中转体，腰腹发力，手肘前伸，前臂向上快速挥动，手腕充分后弯。

（3）击球时，前臂快速挥动，带动球拍高速向线上挥动。击球瞬间，前臂内旋，将力量集中，拍面向前下方快速击打球托底部。整个动作要求在身体转动的过程中完成。

（4）击球后，球拍随惯性挥至身体左前侧，之后收回至身前。

2. 正手突击

（1）准备时，向右侧后方跃出，右臂向右上方摆出。

（2）迎球时，身体后仰，展腹，右肩随右臂向后拉，手腕后弯，球拍自然下摆。

（3）击球时，前臂迅速前摆挥动，伴有剧烈内旋，将力量集中，手腕由后弯最终变为伸直，拍面根据突击方向进行调整，拍面向前下方或左前下方击打球托的底部或右下部。

（4）击球后，球拍随惯性收至胸前。

图5-27 正手突击

3. 头顶突击

（1）准备时，完成引拍，准备起跳；起跳开始，前臂上摆带着拍子上举。

（2）迎球时，身体后仰，展腹，右肩随右臂向后拉，手腕后弯，球拍自然下摆。

（3）击球时，前臂快速往上前摆起，手腕由后弯变为伸直。将力量集中，

拍面根据突击方向进行调整，拍面向前下方或右前下方击打球托的底部或左下部。

（4）击球后，球拍随惯性收至胸前。

图5-28　头顶突击

4. 反手杀球

（1）准备时，由正手握拍改成反手握拍，右前臂往右胸前上举，带动拍子上举。

（2）迎球时，前臂前收，右肩内收，带动前臂往右摆的同时也带动球拍往左肩上摆，降低重心。紧接着手肘内收，前臂向身体前上方摆起，带动前臂和球拍往左下方摆动。

（3）击球时，前臂快速向上挥动并外旋，手腕后弯，拍子从左前下摆到右前下。以左脚的蹬力和腰腹力、肩力以及上臂力带动前臂全速往上后方挥动，将力量集中，击打球托的后部，使球直线向下飞行。

（4）击球后，球拍随惯性收至胸前。

图5-29　反手杀球

二、后场击球技术训练方法

（一）原地击球练习

1. 分组

两人一组，一个人发球，一个人练习，轮流进行训练。

2. 训练方式

练习者原地练习高远球、吊球、杀球三个技术动作。在练习过程中，将高远球、吊球和杀球结合在一起进行练习，40个球为一组，正反手各四组。训练时，在网前和后场单双罚球线之间设立小区域，要求每个球都打进规定范围；所有的后场击球都要求抢高点击球。

3. 训练目的

培养球员后场击球手感，提高球员的抢高点意识，增强球员的后场稳定性和动作一致性。

4. 问题及解决方案

发球者发球质量问题。原地击球训练要求发球者正手发高远球，球大致发至双打发球线位置，在保证练习者能够较为主动地击球的同时，给予其一定难度。因此对于发球者来说，想要提高发球的质量，一方面可以要求第三个人帮忙递球，减慢发球的速度，提高发球的质量；另一方面，也可以调整发球时的站位，通过向前向后的站位调整，保证发球的到位。

发球速度问题。发球者发球过快会导致练习者击球后的调整时间减少，最终导致击球质量下降；发球过慢则会导致练习者准备时间过长，出现过多不必要的动作。发球者应该在练习者击球后，给予其一定的调整时间，再发球进行下一次击球。对于练习者来说，在训练过程中会存在以下三个问题。

一是回球质量问题。因为进行的是原地击球练习，练习者不需要进行移动，此时如果注意力不集中会导致回球质量下降。想要解决这个问题，一方面要求发球者的发球要保证一定的速率，缩短练习者调整的时间；另一方面，练习者可以在练习中给自己设定目标，如要求自己的回球命中率，通过这种方式来提高回球质量。

二是回球球路问题。原地击球训练是一个非常好的提高回球球路、练习击球技术的训练。很多练习者在这项练习中更偏重练习自己较为擅长的球路而忽视了不擅长的球路。针对这个问题，练习者一方面要将更多的回球放在自己不擅长

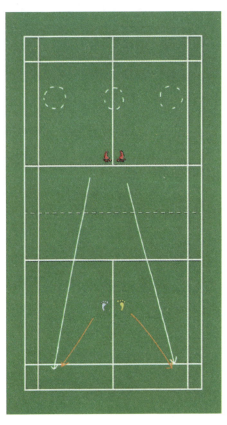

图5-30 移动击球练习

的球路上，丰富自己的回球球路；另一方面应该将所有球路进行结合，来练习后场击球动作的一致性。

三是反手区回球问题。练习者应该更多以头顶击球为主，同时也可以进行简单的反手击球练习。

（二）移动击球练习

1. 分组

两人一组，一个人发球，一个人练习。移动训练分为半场移动训练和全场移动训练。

2. 训练方法

练习者从中场出发，进行半场移动击球训练和全场移动击球训练。两种移动击球训练，40 个球为一组，正反手各三组，全场三组。进行训练时，练习者每次完成击球后都必须回到中场。

3. 训练目的

提高球员的反应速度和判断准确度，增强球员在做步伐同时击球的连贯性。

4. 问题及解决方案

（1）发球质量问题。移动击球练习对于发球者的发球质量要求更高。发球者应该将球发到更偏边线的位置。因此，发球者可以要求第三者帮助递球，减缓发球速度，提高发球质量。

（2）发球速度问题。对于移动击球训练来说，发球者的发球要根据练习者的移动速度进行调整。很多时候发球者发球速度过快，练习者可能刚完成击球，发球者就已经发下一个球，导致练习者回球质量低。针对这个问题，发球者应该时刻观察练习者的位置，在练习者完成击球开始回中时再发球，在给予练习者调整时间的同时，增加击球难度。对于练习者，训练过程中会存在以下问题。

对于半场移动击球练习来说，最大的问题是回球的质量问题。与全场移动击球练习相比，半场移动击球训练更聚焦回球的质量。因此练习过程中，练习者应该注重回球质量和回球线路。

对于全场移动击球练习来说，最大的问题是回球线路问题和步伐移动。与半场移动击球练习相比，全场移动击球练习更能模仿比赛过程中的后场击

球。因此在练习过程中，一方面要更注重回球线路，主动球、被动球区分要更加清晰，动作要更加一致；另一方面，要更加注重步伐移动，区分主动步伐和被动步伐，减少二次启动，在练习过程中，通过大量练习，简化自己的步伐。

（三）半场套路练习

1. 分组

两个人一组，共同练习。

2. 训练方法

半场套路练习可以分为互拉高远球、一吊一挑、吊上网、杀上网、互吊上网和互杀上网。10分钟一组，根据直线和斜线大致共四组；训练时要求提高回球质量，增加连贯性和多拍。

3. 训练目的

使球员熟悉打法套路，丰富自身打法。

4. 问题及解决办法

（1）失误问题。从根源上看，失误主要是练习者默契度不够和注意力不集中导致的。想要解决失误问题，一方面在训练过程中，练习者要将注意力完全集中于训练，减少场外因素干扰；另一方面练习者可以制定固定的线路和落点，给予自己一定的压力，例如要求在对拉高远球时，坚持50回合以上，这对于减少失误也是一个较好的方法。

（2）回球质量问题。究其原因，主要是练习者能力不足。想要解决这个问题，要增多球训练，从原地击球练习开始，增强后场击球技术。通过移动击球练习，提高移动击球能力，丰富击球线路。最后，要增加套路练习时间，与实力更强的人一同练习，有利于提高自己的能力。

教学案例

表5-4　后场主动击球技术训练课程实施方案

内容	1. 后场主动击球技术动作练习 2. 指挥 – 被指挥的合作式练习					
教学目标	1. 通过后场主动击球技术，培养学生的拼搏意识和永不言弃的精神 2. 使学生掌握一定的后场主动击球技巧 3. 通过练习，培养学生击球的主动性 4. 通过学习和练习，发展学生的模仿能力和协调能力 5. 在练习的过程中，培养动作一致性					

过程	课程内容	教师活动	学生活动	运动负荷		
				次数	时间	强度
准备部分 6分钟	一、课堂常规 1. 集合整队 2. 师生问好 3. 宣布内容 4. 安排见习 二、准备活动 慢跑热身：操场400米×3。 体育常规练习：准备活动，从头到脚	1. 集合整队 2. 师生问好 3. 宣布内容 4. 提出要求 5. 安排见习	1. 体育委员整队，向教师报告出勤人数 2. 学生三列横队，体操队形如下： ×××× ×××× ×××× ▲ 要求： 1. 快，静，齐 2. 认真听讲，精神饱满 3. 明确上课内容和要求	1 2	2 5	小 小
基本部分 30分钟	一、演示与介绍 教师进行动作要领的讲解和示范。 1. 讲解后场主动击球的击球点位置，讲述击球点不同所带来的击球的不同 2. 讲解在击球过程中不同动作身体力量的使用 3. 讲解分解动作和连贯动作的技术要点并进行示范	1. 宣布课堂内容 2. 讲解后场主动击球动作技巧，详细进行分解动作、连贯动作示范和发力展示 3. 教师讲解后续训练口令安排、练习内容以及分组，带领同学进行统一基础动作练习	1. 学生认真听教师讲解 2. 进行分组 3. 听教师口令进行原地练习 （1）三列横队成体操队形散开，队形如下： ×××× ×××× ×××× ▲ （2）认真观看教师的动作示范	1	10	中

过程	课程内容	教师活动	学生活动	运动负荷		
				次数	时间	强度
基本部分 30分钟	二、口令式指挥 教师进行口令指挥，学生根据教师要求和口令，进行统一的动作练习。 三、多球练习 对学生进行分组，由组长带领进行统一口令练习和分别练习	4.巡回指导，注意观察学生中的各种错误动作、错误击球点位置、手腕发力和动作连贯性问题 5.鼓励学习能力较慢的同学 6.分组安排练习 7.结合课程进行思政教育	（3）学生之间相互练习，观察有无错误动作 （4）连贯练习，体会后场击球过程中的引拍－挥拍－卸力过程。根据教师指导，改进自己的动作，提升动作的连贯性和一致性 （5）组内进行练习，学习能力较强的学生为学习能力较弱的学生讲解，分析不足	3	4	强
设计意图	1. 教学内容 后场主动击球技术是羽毛球后场击球技术的一个重要组成部分，更是羽毛球基本击球技术中重要的一环，由高远球、平高球、吊球和杀球技术组成。学生不仅要掌握基础动作，也要了解击球点、握拍的区别，更要注重动作一致性的培养。了解后场主动击球的引拍－挥拍－卸力过程，避免在练习过程中产生身体损伤。 2. 教学组织形式 统一练习：学生按照教师的教学口令和教学要求，统一进行练习。要求学生在练习过程中集中精力，动作做到规范统一。 小组自由练习：学生分为三个组进行自由练习。小组自由练习要求学生自行巩固，并做到能力较强的带动能力较弱的。小组自由练习一方面能够培养学生的自主意识；另一方面能够培养学生的团队意识和竞争意识。教师可以在小组练习过程中进行一对一和一对多的纠错指导。 通过准备活动和基础部分练习，提高学生的身体素质，提升学生的羽毛球能力					
结束部分	1. 放松活动 2. 课堂小结 3. 归还器材，宣布下课	1. 带领学生放松 2. 点评学生的表现，具体到个人	1. 按教师指导放松 2. 认真听讲，反思学习表现 3. 师生道别			
课程思政	培养学生集体荣誉感和团结协作的意识。 羽毛球运动的活动形式需要多人共同进行，不仅在比赛中是这样，在练习中更是如此。 从比赛的角度来看，分为个人赛和团体赛。个人赛分为单打和双打，不仅要求个人能力，也要求和搭档（双打）还有和教练的默契程度与协作能力。团体赛不仅对团队协作能力有很高的要求，更是要求运动员有很高集体荣誉感与国家荣誉感，要求运动员在团体赛中拼尽全力为国争光。 从训练的角度来讲，训练不是一个人就能完成的，而是需要多人合作完成。 教师要通过案例分析和课程安排（比赛），使学生了解团队协作和团队荣誉感的重要性，培养学生自我奉献的精神，形成良好的团队合作意识和集体荣誉感					

表5-5　后场被动击球技术训练课程实施方案

内容	1. 后场被动击球技术动作练习 2. 指挥 – 被指挥的合作式练习					
教学目标	1. 通过后场被动击球技术，培养学生的拼搏意识和永不言弃的精神 2. 使学生掌握一定的后场被动击球技巧 3. 通过练习，培养学生后场的被动处理能力 4. 通过学习和练习，发展学生的模仿能力和协调能力 5. 在练习的过程中，培养动作一致性					
过程	课程内容	教师活动	学生活动	运动负荷		
				次数	时间	强度
准备部分 6分钟	一、课堂常规 1. 集合整队 2. 师生问好 3. 宣布内容 4. 安排见习 二、准备活动 慢跑热身：操场400米×3。 体育常规练习：准备活动，从头到脚	1. 集合整队 2. 师生问好 3. 宣布内容 4. 提出要求 5. 安排见习	1. 体育委员整队，向教师报告出勤人数 2. 学生三列横队，体操队形如下： ×××× ×××× ×××× ×××× ▲ 要求： 1. 快，静，齐 2. 认真听讲，精神饱满 3. 明确上课内容和要求	1 2	2 5	小 小
基本部分 30分钟	一、演示与介绍 　教师进行动作要领的讲解和示范。 1. 讲解后场被动击球的击球点位置，讲述击球点不同所带来的击球的不同 2. 讲解在击球过程中不同动作身体力量的使用 3. 讲解连贯动作的技术要点并进行示范	1. 宣布课堂内容 2. 讲解后场被动击球动作技巧，详细进行分解动作、连贯动作示范和发力展示 3. 教师讲解后续训练口令安排、练习内容以及分组，带领同学进行统一的基础动作练习	1. 学生认真听教师讲解 2. 进行分组 3. 听教师口令进行原地练习 （1）三列横队成休操队形散开，队形如下： ×××× ×××× ×××× ▲ （2）认真观看教师的动作示范	1	10	中

续表

过程	课程内容	教师活动	学生活动	运动负荷		
				次数	时间	强度
基本部分 30分钟	二、口令式指挥 教师进行口令指挥，学生根据教师要求和口令，进行统一的动作练习。 三、多球练习 对学生进行分组，由组长带领进行统一口令练习和分别练习	4.巡回指导，注意观察学生中的各种错误动作、错误击球点位置、手腕发力和动作连贯性问题 5.鼓励学习能力较慢的同学 6.分组安排练习 7.结合课程进行思政教育	（3）学生之间相互练习，观察有无错误动作 （4）连贯练习，体会后场击球过程中的引拍－挥拍－卸力过程。根据教师指导，改进自己的动作，提升动作的连贯性和一致性 （5）组内进行练习，学习能力较强的学生为学习能力较弱的学生讲解，分析不足	3	4	强
设计意图	教学内容 　　后场被动击球技术是羽毛球后场击球技术的一个重要组成部分，由正手被动处理和反手被动处理技术组成，再细分可以分为被动过渡网前、被动抽球和被动击打后场等。学生不仅要掌握基础动作，也要了解击球点、握拍的区别，更要注重对动作一致性的培养。了解后场主动击球的引拍－挥拍－卸力过程，避免在练习过程中产生身体损伤。 　　统一练习：学生按照教师的教学口令和教学要求，统一进行练习。要求学生在练习过程中集中精力，动作做到规范统一。 　　小组自由练习：学生分为三个组进行自由练习。小组自由练习要求学生自行巩固，并做到能力较强的带动能力较弱的。小组自由练习一方面能够培养学生的自主意识，另一方面能够培养学生的团队意识和竞争意识。教师可以在小组练习过程中进行一对一和一对多的纠错指导。 　　通过准备活动和基础部分练习，提高学生的身体素质，提升学生的羽毛球能力					
结束部分	1.放松活动 2.课堂小结 3.归还器材，宣布下课	1.带领学生放松 2.点评学生的表现，具体到个人	1.按教师指导放松 2.认真听讲，反思学习表现 3.师生道别			
课程思政	培养学生遵守规则的意识。 　　所有比赛都存在规则。观众也要遵守比赛相关规则，文明观赛。在万众瞩目的比赛中，观众的目光都聚焦在场上的运动员身上，他们的任何行为举止都会被关注，因此遵守规则对运动员自身以及外界影响都是必需的更是必然的。 　　规则使比赛更加公正、有序，进一步推动了羽毛球运动的发展。教师在教学过程中不仅要进行技战术的讲解和规范，更要进行比赛规则等方面的讲解。在练习期间，教师要对学生犯规进行合理纠错，培养学生遵守规则的意识					

第四节　击球点技术与训练方法

击球点是决定回球质量好坏的因素之一。常说的抢高点就是指要抢一个高的击球点。

一、击球点技术

前场击球的击球点大多位于网带以下。搓球的击球点最高，幅度也最大，搓球往往能抢到网带的位置搓出滚网球，也能在相对低的击球位置搓出滚网球。推球的击球点相比搓球略低，大约位于右胸的右前侧，与网有一定的距离。被动放网和被动挑球的击球点都位于身体右下侧位置，甚至会接近地板，球的落点基本在球网与前发球线之间。

中场击球的击球点则比较低，一般位于胸前位置，打出的大部分球以平球为主。下压球的击球点是中场击球技术中最高点，往往位于头的上方和稍前的位置。平抽挡的击球点位置稍低，大致位于胸前偏下的位置。接杀的击球点是最低的，大部分位于身体右下侧，但是过于被动的接杀也可能接近地面。

后场击球拥有较高的击球点，往往可以打出接近平行和下压的进攻性球。在后场击球技术中，高远球和平高球的击球点是最高的，一般在右肩的上方或稍后方。吊球的击球点比高远球稍低，大致位于右肩稍微靠前的位置。杀球的击球点是最低的，大致位于右肩的前上方。

二、击球点技术训练方法

（一）原地击球点练习

1. 分组

两人一组，轮流进行训练。

2. 训练方式

原地练习，前场击球点训练要求球员一个练习一个抛球，练习者弓箭步站好，将球拍举于合适的击球点位置。中场击球点练习，要求一个抛球一个练习，练习者使用球桶代替球拍，要求寻找合适击球点，将球击打过网。后场击球点练习要求球员直接持球，原地按照挥拍动作将球向前扔，模拟后场击球，根据球飞行的轨迹，判断击球点的合适程度。每个动作30个球为一

组，共做三至四组。

3. 训练目的

寻找适合自己的击球点，养成良好的击球习惯。

（二）移动击球点训练

1. 分组

两人一组，轮流训练。

2. 训练方式

该项训练建立在原地训练的基础上，加上步伐进行击球点训练，配合步伐进行训练，其余与原地击球点练习一致。

3. 训练目的

要求球员在移动中依旧能够找好的击球点。

教学案例

表5-6　击球点训练课程实施方案

内容	1. 全场击球点技术动作练习 2. 多球式练习					
教学目标	1. 通过全场击球点技术，培养学生的基础意识，了解基础的重要性 2. 使学生掌握一定的全场击球点知识并进行运用 3. 通过练习，培养学生对于全场击球点的掌握能力 4. 通过学习和练习，发展学生的模仿能力和协调能力 5. 在练习的过程中，培养动作一致性					
过程	课程内容	教师活动	学生活动	运动负荷		
				次数	时间	强度
准备部分6分钟	一、课堂常规 1. 集合整队 2. 师生问好 3. 宣布内容 4. 安排见习 二、准备活动 慢跑热身：操场400米×3。 体育常规练习：准备活动，从头到脚	1. 集合整队 2. 师生问好 3. 宣布内容 4. 提出要求 5. 安排见习	1. 体育委员整队，向教师报告出勤人数 2. 学生三列横队，体操队形如下： ×××× ×××× ×××× ▲ 要求： 1. 快，静，齐 2. 认真听讲，精神饱满 3. 明确上课内容和要求	1 2	2 5	小 小

续表

过程	课程内容	教师活动	学生活动	运动负荷		
				次数	时间	强度
基本部分 30分钟	一、演示与介绍 教师进行动作要领的讲解和示范。 1.讲解全部击球点位置特点，讲述击球点不同所带来的击球的不同 2.进行有球练习的展示 二、口令式指挥 教师进行口令指挥，学生根据教师要求和口令，进行统一的动作练习 三、多球练习 根据分组进行有球练习，练习过程中，由下一位练习者为当前练习者抛球。练习顺序为：前场－平抽挡－中场接杀－后场主动击球－后场被动击球	1.宣布课堂内容 2.讲解全场击球点知识，详细进行击球示范 3.教师讲解后续训练口令安排、练习内容以及分组，带领学生进行统一的基础动作练习 4.巡回指导，注意观察学生中的各种错误动作、错误击球点位置 5.鼓励学习能力较慢的学生 6.分组安排练习 7.讲解多球练习中的抛球，并逐一指导 8.结合课程进行思政教育	1.学生认真听教师讲解 2.进行分组 3.听教师口令进行原地练习 （1）三列横队成体操队形散开，队形如下： ×××× ×××× ×××× ▲ （2）认真观看教师的动作示范 （3）学生之间相互练习，观察有无错误动作 （4）连贯练习，体会后场击球过程中的引拍－挥拍－卸力过程。根据教师指导，改进自己的动作，提升动作的连贯性和一致性 （5）组内进行练习，学习能力较强的学生为学习能力较弱的学生讲解，分析不足	1 3	10 4	中 强
设计意图	教学内容 　　击球点练习是羽毛球训练中最重要的也是最基础的部分。想要完成不同技术，就需要根据自己的需求调整击球点，这个过程看起来很简单，但是在实战中却是较为困难的，因此需要在平时进行大量的练习，模拟实战情景，更需要与后续的步伐练习进行合理的关联，形成全套击球体系。 　　统一练习：学生按照教师的教学口令和教学要求，统一进行练习。要求学生在练习过程中集中精力，动作做到规范统一。 　　多球练习：模拟实战状态，使学生对于击球点技术的理解由基础层次转向深层次。 　　通过准备活动和基础部分练习，提高学生的身体素质，提升学生的羽毛球能力					
结束部分	1.放松活动 2.课堂小结 3.归还器材，宣布下课	1.带领学生放松 2.点评学生的表现，具体到个人	1.按教师指导放松 2.认真听讲，反思学习表现 3.师生道别			

续表

过程	课程内容	教师活动	学生活动	运动负荷		
				次数	时间	强度
课程思政	培养学生终身体育的意识。 如今，学生的体质健康受到了全国上下的广泛关注，学生在学习科学文化知识的同时，还应拥有健康的体魄。 教师在教学过程中应对学生强调体育锻炼的重要性。学生应该选择自己喜爱的运动，进行规律性的锻炼，以达到增强身体素质的目的。长期运动能够提高身体素质，带来生理方面和心理方面的益处，因此要树立终身体育的意识					

第五节　羽毛球击球技术与身心健康

羽毛球击球技术对于大学生生理和心理健康有着极大的促进作用。羽毛球击球技术能够调动大学生的积极性，激发其进取心，同时大学生的耐心和团队凝聚力也会得到强化。

一、生理方面

（一）增强身体素质

羽毛球运动是一项能够综合提高身体素质的运动，可以提高身体的耐力、灵活性、协调性和平衡感，有利于提高身体健康水平和竞技水平。

作为一项需要不断奔跑和快速转向的运动，羽毛球运动可以提高练习者的耐力。在基本击球技术练习过程中，练习者需要不断地移动、跳跃、挥拍，这会消耗大量能量，并且很多训练具有高强度和多组数的特点，能够加强心肺功能，提高氧气的摄取和利用效率，起到增强耐力的作用。

羽毛球击球技术练习还能提升身体灵活性和协调性。在练习过程中，许多动作是要求整个身体共同发力完成的，在这个过程中，身体的灵活性和协调性得到了提高。一些辅助练习如拉伸、体能、核心力量、步伐训练等，也能够提高练习者的灵活性和协调性。

羽毛球基本动作练习需要在做动作的同时搭配步伐等练习，这些技术动作要求练习者有很好的平衡感，因此此类练习有利于提高练习者的平衡感。而基本技术本身也要求练习者有较好的平衡感来保证动作的完成，如高抬手、侧身、转身蹬地等动作。练习过程中有很多方式都能够提高练习者的身体平衡感，对于稳定的击球具有重要意义。

（二）提高身体代谢和抵御能力

羽毛球运动是一项高强度、高氧耗的运动，可以有效提高身体代谢和抵御能力。

羽毛球运动能够提高练习者的心肺功能。作为一项高氧耗的有氧运动，羽毛球练习过程中身体需要大量的氧气供应，因此该运动有助于提高心肺功能，加快代谢速率。羽毛球练习的过程需要肌肉力量的配合，因此进行羽毛球基本技术训练，有助于提高练习者的肌肉力量，促进肌肉发达。一方面，训练过程中的跑动、跳跃、挥拍有助于增强力量，而多组数不间断的练习，有利于提高肌肉耐力，养成良好的肌肉记忆；另一方面，弹力带练习等辅助力量练习，有利于增加肌肉力量以达到训练所需的力量要求。

羽毛球练习还有助于消耗热量，起到减脂的作用。当羽毛球练习进入多拍后，身体热量消耗加快，从有氧运动逐渐变为无氧运动。因此，进行高强度、多组数的基本动作训练，有助于加快能量的消耗，起到燃脂的作用。羽毛球基本技术训练，能够通过提高心肺功能、增强肌肉力量、加快热量消耗，提高身体代谢能力，增强身体的抵御力。

二、心理方面

（一）耐心

羽毛球训练不是速成训练，对于小朋友是这样，对于大学生更是这样。羽毛球击球技术需要经过一段时间刻苦的训练才能入门。

根据前文提到的训练方法，我们不难看出来，所有的基本技术都是需要经过不断的多球训练反复进行练习的。在这个过程中，一方面肌肉记忆得到加强；另一方面，耐心程度得到了提升。这对大学生面对未来的人生具有重要的意义。

（二）团队凝聚力

羽毛球击球训练不是一个人就能够完成的，往往需要至少两名球员和一名教练构成一个最基本的团体来完成训练。一方面，教练需要根据球员特点安排训练计划；另一方面，球员之间需要相互配合来完成教练所安排的训练。在这个过程中，教练和球员之间更加了解彼此，团队的默契程度在相互配合

中得到进一步强化，团队凝聚力提高。这对大学生来说是极其宝贵的，因为大学中的很多比赛都是以团队为单位的，团队凝聚力无疑是十分宝贵的财富。

（三）进取心

进取心是促进训练向积极方面进行的一个重要影响因素。进取心使人更加渴望学习新的技能，在达成一个目标后，再设立新的目标，这种良性循环推动着进步的产生。我们可以将进取心看成三个部分：好胜心、自我发展、主动学习。

在学习基本技术的过程中，一定存在学习速度的差距，只要不甘于落后，这会激起好胜心，通过更多努力来实现自己的目标，好胜心往往会成为球员积极进取的重要动力。虽然训练中往往是由教练来安排大体的训练计划，但是其中的细节往往是自己决定的。根据自身水平合理安排训练强度，也是进取心的体现。自我发展则是推动进步的另一大因素。现如今，羽毛球技术更新换代速度快，短时间内能够产生更多的技术和球路，这使得人们需要具有旺盛的求知欲和好奇心来主动接受新事物。可以说，进取心是羽毛球基本技术训练带给大学生最宝贵的财富。在大学生活中，进取心能够为大学生的学习生活带来质变，使大学生在学习生活中制定较高的目标并为之奋斗；不断追求完美，积极进取，主动好学；具有极强的求知欲，积极接受新事物，并学以致用。

羽毛球击球技术看似是极为普通的一环，但其实在整个羽毛球训练中起到了极其重要的作用。不妨把这些基本技术看成生活中最基本的事物，正是因为它们的存在，为我们进一步的学习奠定了基础，同时也培养了最需要的素质，促进了个人心理健康的发展。

问题与思考

1. 在进行网前被动球处理时，左手向后伸展会起到什么样的作用？

2. 后场高远球和平高球击球点有什么区别？

3. 后场击球动作应该具有较强的隐蔽性，如何增强动作的隐蔽性？

4. 在进行中场平抽挡训练时，如何保证平抽挡的连贯性？

第六章　羽毛球步伐与练习方法

步伐是羽毛球比赛的核心，步伐的恰当使用决定了比赛的主动权，恰当的步伐既节省体力又可以弥补球员手法上的不足之处。步伐是在大约35平方米的本方场地上，进行快速、合理并有一定规律的上网、后退和两侧移动的方法，是羽毛球技术的重要组成部分，在实战中具有十分重要的地位和作用，也是学习和能否掌握正确击球技术的基础。

羽毛球步伐的起源难以考证。有人认为，羽毛球步伐可能受到武术和舞蹈等传统艺术的影响，也有人认为，它可能源于其他球类运动，如网球和壁球。

羽毛球步伐的主要作用是帮助选手快速移动到球的位置，并保持身体平衡和稳定性，以更好地准备击球。此外，合理运用步伐还可以增加对手的瞬间错觉和困惑，从而获得优势。

不论是单打还是双打，羽毛球的基本步伐是必须掌握的。羽毛球击球移动的基本步伐有垫步、交叉步、小碎步、并步、蹬转步、蹬跨步和腾跳步等。还有一些专业球员自己创造的步伐，例如李宗伟的跳步上网、因达农的跑步后退等。运用这些方法，构成了从中心位置到场区不同位置击球的组合步伐：后退步伐、两侧移动步伐和上网步伐。自中心位置到击球点的步数，一般有一步、两步或三步，必须根据当时球距身体的远近来决定。

第一节　基本步伐与训练方法

　　羽毛球的常用基本步伐有并步、垫步、交叉步、蹬转步、蹬跨步、小碎步、腾跳步等。可以根据实际的需要和战术的变幻组成合理的上网、后退等综合步伐。下面介绍几种常见的基本步伐。

一、基本步伐

（一）并步

　　右脚向前（或向后）移动一步时，左脚即刻向右脚跟并一步，紧接着右脚再向前（向后）移动一步，称为并步。

图6-1　并步

（二）垫步

右（左）脚向前（后）迈出一步后，后脚跟进，紧接着同一脚向同一方向再进一步，为垫步。垫步类似于并步，不同的是垫步是调整步，并步是移动步。垫步经常是一步够不到位，垫一步就能打得更合适。

图6-2　垫步

（三）交叉步

左右脚交替向前、向两侧或向后移动为交叉步。另一脚向前的为前交叉步，而另一脚向后的为后交叉步。交叉步适合长距离的移动，比如上网、后退、左右移动、对角线移动，交叉步都能快速到达，而且在被动的情况下，

交叉步使用得更多。交叉步使用时需要左右脚互相配合。

图6-3 交叉步

（四）蹬转步

以一脚为轴，另一脚做向后或向前蹬转迈步。蹬转步常用于中场移动快速转体击球时使用。

图6-4 蹬转步

（五）蹬跨步

在移动的最后一步，左脚用力向后蹬的同时，右脚向来球的方向跨出一大步，称为蹬跨步。跨步通常作为每次启动后的最后一步，一定要蹬地跨出。对于远离身体的击球，移动时，每次都要以一个大跨步来结束，这样的跨步可以根据距离击球点的远近来决定跨步的大小，而且这种样式的跨步对于稳定身体非常重要。

图6-5　蹬跨步

二、步伐练习

（一）口令指挥

听指挥者口令，行进间进行步伐变换练习。

（二）小组比赛

五到七人一组，接力进行专项步伐练习。比赛过程中注意动作的正确性。

（三）训练目的

熟悉基本步伐的要点，体会羽毛球前脚掌移动、低重心移动的特点。

（四）训练意义

提升学生脚下灵活性和力量，发展力量素质。

（五）问题及解决方案

（1）练习者可能出现的问题有：全脚掌着地，重心过高；低头只顾脚下；蹬转速度慢，髋关节没有打开；等等。所以在行进间并步时，要注意前脚掌着地，两眼目视前方，不要低头只顾脚下。两手放于腰间。大跨步时，要注意脚后跟先着地，不要用脚尖制动，防止扭伤。脚尖方向要朝向来球方向，不要内拐。蹬转时蹬地要狠，快速转身启动，动作慢慢悠悠很难抢到合适的击球位置，容易造成被动。

（2）陪练者可能会有如下问题：节奏太快练习者跟不上；练习形式单一，练习者容易疲劳；学习进度慢的练习者没有及时跟进；等等。可以在步伐练习时，组织小比赛，以增强训练者练习的动力和乐趣，并且对练习者的要求要具体化，分组练习，充分利用场地。在小组训练时，练习节奏要合理适度，让大多数练习者跟得上。

教学案例

表6-1　专项步伐课程实施方案

内容	1. 羽毛球专项步伐练习 2. 口令式步伐指挥练习					
教学目标	1. 通过简单专项步伐练习，培养学生的学习兴趣和团队精神，促进学生全面发展 2. 使学生掌握一定的专项步伐熟练度，锻炼身体素质 3. 发展学生下肢的灵活性 4. 通过学习和练习，发展学生的模仿能力和协调能力					
过程	课程内容	教师活动	学生活动	运动负荷		
				次数	时间	强度
准备部分6分钟	一、课堂常规 1. 集合整队 2. 师生问好 3. 宣布内容 4. 安排见习 二、准备活动 慢跑热身：操场400米×3。 体育常规练习	1. 集合整队 2. 师生问好 3. 宣布内容 4. 提出要求 5. 安排见习	1. 体育委员整队，向教师报告出勤人数 2. 学生三列横队，体操队形如下： ×××× ×××× ×××× ▲ 要求： 1. 快，静，齐 2. 认真听讲，精神饱满 3. 明确上课内容和要求	1 2	2 5	小 小
基本部分30分钟	1. 演示与介绍 给学生介绍羽毛球的常用基本步伐。以多种角度向学生展示专项步伐的练习要点，学生先看再模仿	1. 宣布课堂内容 2. 讲解专项步伐的练习要点 3. 教师讲解口令指挥要求，带领学生回顾各种步伐的名称、要点 4. 巡回指导 5. 鼓励手脚协调不一致的同学	1. 学生认真听教师讲解 2. 两两结对练习 3. 听教师口令进行练习 （1）三列横队成体操队形散开，队形如下： ×××× ×××× ×××× ▲ （2）认真观看教师的动作示范	1	10	中

111

续表

过程	课程内容	教师活动	学生活动	运动负荷		
				次数	时间	强度
基本部分30分钟	2.口令式指挥 教师喊出对应专项步伐的名字，学生听从口令，做出相应动作	6.将学生以列分成三个小组，组内进行练习 7.对小组展示进行评价	（3）学生之间相互练习，观察有无错误动作 （4）连贯练习，从第一个专项步伐到最后一个专项步伐，每个步伐练习30秒钟，由慢到快，节奏变化明确 （5）组内进行练习，相互帮助、纠正，并进行展示	3	20	强
设计意图	1.教学内容 并步：低重心的横向移动，注意抑制自身正面活动的习惯，双腿微屈，保持较低的重心，对腿部力量要求比较高。 垫步：右（左）脚向前（后）迈出一步后，后脚跟进，紧接着同一脚向同一方向再进一步。垫步是调整步，要求"跨，垫，跨"。 交叉步：左右脚交替向前，向两侧或者向后移动。适合上网和后退。 蹬跨步：在移动的最后一步，左脚用力向后蹬的同时，右脚向来球的方向跨出一大步。 2.教学组织形式 口令式指挥要求全体学生以整齐的队列，在老师的口令下统一活动，要求动作迅速、反应快。小组自由练习时，五至七人一组，到指定区域内练习，各组由组长指挥。创设群里活动的运动情景，运动情景可以促进学生相互了解。根据专项步伐，控制下肢的协调和速度。使学生能够主动探索，积极练习，发展肢体动作，培养团队精神。 3.运动强度 通过准备活动到基本部分活动，学生达到中等至中上活动量					
结束部分	1.放松活动 2.课堂小结 3.归还器材，宣布下课	1.带领学生放松 2.点评学生的表现，具体到个人	1.按教师指导放松 2.认真听讲，反思学习表现 3.师生道别			
课程思政	羽毛球专项步伐练习有利于培养学生的体育意识和健康观念，也有利于培养学生的团队合作、公平竞争、自律自强等品质。在羽毛球教学中，教师可以通过注重规则意识和比赛精神来培养学生的公平竞争观念。在进行训练时，教师应该强调团队合作和协作能力，鼓励学生相互帮助，共同进步。羽毛球运动需要一定的身体素质和技能水平，因此在教学过程中，教师可以加强对学生身体健康知识的普及，引导学生积极锻炼身体，养成良好的健康习惯。最后，教师还应该注重培养学生的自律自强意识，鼓励他们在训练和比赛中坚持不懈，勇攀高峰，为实现人生目标而努力奋斗					

第二节　上网步伐技术与训练方法

一、上网步伐技术

（一）正手上网步伐

当站位靠前时，可用两步交叉步上网。若站位靠后场，则采用三步交叉跨步的移动方法，即右脚向右前方迈一小步，左脚接着前交叉迈过右脚，然后右脚顺着这一方向向前跨一大步到位。为了加速上网，最后用上蹬跨步，变通一下三步上网方法，可采用垫步上网：右脚向右前迈一小步后，左脚快速跟进到右脚跟后，利用左脚掌内侧后蹬，右脚向右前跨出一大步。这样蹬得有力，跨得远，能争得网前高击球点做主动进攻，所以也被称为主动步伐。

图6-6　正手上网步伐

1. 练习目标

熟悉上网步伐的要点，体会羽毛球前脚掌移动、低重心移动的特点。

2. 练习意义

增加下肢的稳定性，促进定点技术向移动技术的转化。

3. 问题及解决方案

（1）练习者的问题：

• 后脚跟着地，重心过高，脚下步伐沉重拖沓。

• 不看来球方向，低头只顾脚下。

• 启动慢，上网出手动作太大，躯干不稳定。

• 正手握拍动作错误，手握苍蝇拍方法（四指并拢）或者食指伸直贴于拍柄。

解决方案：

• 启动时右脚快速蹬地向前迈出去，左脚迅速跟上，距离大时可做垫步处理。

• 大跨步时，要注意脚后跟先着地，不要用脚尖制动，防止扭伤。脚尖要朝向来球的方向，不要内拐。

• 放网的位置和自己的肩部持平，不宜太高或太低。

• 正手握拍牢记"扣扳机"或者"做数字九"，虎口对准拍面小斜棱。

（2）陪练者的问题：

• 多球训练时，扔球的弧度不够，或者球过网后稳定性不够，导致击球者不能第一时间找到球头。

• 扔球时不能专注，容易走神，导致扔球质量不高。

解决方案：

• 球头朝手心向自己，均匀抛出，离网高约 10 厘米，根据需要调整。

• 树立正确的训练观念"对自己负责，对队友负责"，无论是陪练还是主练，都要做到认真严谨，这样才能共同提高。

（二）反手上网步伐

反手上网步伐与正手步伐要点相同。如果站位靠前，可用两步交叉步上网。若站位靠后场，则采用三步交叉跨步的移动方法，即右脚向右前方迈一小步，左脚接着前交叉迈过右脚，然后右脚顺着同一方向向前跨一大步到位。

　　为了加速上网，最后用上蹬跨步，变通一下三步上网方法，可采用垫步上网：右脚向右前迈一小步后，左脚快速跟进到右脚跟后，利用左脚掌内侧后蹬，右脚向右前跨出一大步。这样蹬得有力，跨得远，能争得网前高击球点做主动进攻，所以又被称为主动步伐。

图6-7　反手上网步伐

1. 练习目标

　　熟悉反手上网步伐的要点，体会羽毛球前脚掌移动、低重心移动的特点，保持上网重心的稳定和躯干的协调。

2. 练习意义

　　增加下肢稳定性和爆发力，促进定点技术向移动技术的转化。

3. 问题及解决方案

练习者的问题：

• 握拍太死，导致手上动作僵硬。

• 反手握拍位置不合理、太靠前，导致移动幅度增加。

• 启动慢，上网出手动作上下起伏太大，躯干不稳定。

解决方案：

• 手指、手腕放松，虎口空、掌心空。

• 启动时右脚快速蹬地向前迈出去，左脚迅速跟上，距离大时可做垫步处理。

• 大跨步时，要注意脚后跟先着地，不要用脚尖制动，防止扭伤。脚尖要朝向来球方向，不要内拐。

二、上网步伐训练方法

（一）徒手摸球训练

1. 分组

两人一组，一个人指挥，一个人练习，轮流进行训练。

2. 训练方法

练习者根据指挥者的指令，在中场作准备，在指挥者发出指令后再做步伐。在网带上左右方各插一颗球，左右各上网触摸球头，10组。练习者最后一步要弓箭步做到位。

3. 训练目的

培养学生养成抢高点的意识以及上网时动作的稳定性。

4. 问题及解决方案

（1）练习者的问题：

• 同手同脚，脚下跨步和接球同时进行，导致击球不稳定。

• 练习者上网时，摸球和脚下制动同时进行。

• 脚下制动，导致重心丢失，最后一步弓箭步不能很好支撑。

解决方案：

• 分解动作，重复练习先跨步再挥拍的动作环节。

• 增加腿部力量，练习深蹲、负重跨步等动作。

（2）陪练的问题：

• 指挥过程中节奏太快导致练习者跟不上。

• 发现练习者的错误动作没有及时指出并提醒。

• 缺少细节意识，比如进行重复落点的指挥、假动作指挥。

解决方案：

• 步伐训练要遵循先易后难的原则，第一组练习可适当平缓，之后逐步增加难度。

• 指挥时要与练习者保持适当距离，不能影响练习者步伐练习时的空间。

• 观察练习者的动作是否符合要求，及时指出问题和不足。

教学案例

表6-2 正反手上网徒手摸球训练课程实施方案

内容	1. 正反手上网摸球步伐练习 2. 指挥 – 被指挥的合作式练习					
教学目标	1. 通过上网摸球步伐练习，培养学生的学习兴趣和团队精神，促进学生全面发展 2. 使学生掌握一定熟练度的两边步伐，锻炼身体素质 3. 发展学生的下肢灵活性、上网的稳定性 4. 通过学习和练习，发展学生的模仿能力和协调能力 5. 通过速度比赛，发展学生的竞争意识					

过程	课程内容	教师活动	学生活动	运动负荷		
				次数	时间	强度
准备部分 6分钟	一、课堂常规 1. 集合整队 2. 师生问好 3. 宣布内容 4. 安排见习 二、准备活动 慢跑热身：操场400米×3。 体育常规练习：准备活动，从头到脚	1. 集合整队 2. 师生问好 3. 宣布内容 4. 提出要求 5. 安排见习	1. 体育委员整队，向教师报告出勤人数 2. 学生三列横队，体操队形如下： ×××× ×××× ×××× ▲ 要求： 1. 快，静，齐 2. 认真听讲，精神饱满 3. 明确上课内容和要求	1 2	2 5	小 小

续表

过程	课程内容	教师活动	学生活动	运动负荷		
				次数	时间	强度
基本部分30分钟	1. 演示与介绍 给学生介绍正反手上网摸球训练的要点：第一，统一方向，均从正手位开始移动。第二，最后一步跨步要到位，不要仅仅用手去够球，脚下步伐要跨开。上网步伐蹬地时，制动需要脚后跟抬起。 2. 口令式指挥，教师喊出开始，学生听从口令，做出摸球动作，要求脚下动作迅速	1. 宣布课堂内容 2. 讲解两边摸球练习的要点 3. 教师讲解口令指挥要求，带领学生回顾上节课各种步伐的名称、要点 4. 巡回指导，注意观察学生中的各种错误动作 5. 鼓励移动速度比较慢的同学 6. 将学生以列分成三个小组，组内进行练习 7. 对小组展示进行评价	1. 学生认真听教师讲解 2. 两两结对练习 3. 听教师口令进行练习 （1）三列横队成体操队形散开，队形如下： ××× ××× ××× ▲ （2）认真观看教师的动作示范 （3）学生之间相互练习，观察有无错误动作 （4）连贯练习，体会转身、跨步蹬地、制动、再转身的感觉 （5）组内进行练习，相互帮助、纠正，并进行展示	1 3	10 4	中 强
设计意图	1. 教学内容 　　上网移动摸球练习是结合交叉步、跨步等运动的练习形式。要求快速启动，制动要稳，身体重心在跨步过程中保持稳定。 2. 教学组织形式 　　口令式指挥要求全体学生以整齐的队列，在老师的口令下统一活动，要求动作迅速、反应快。 　　小组自由练习时，二人一组，到指定区域内练习，各组由组长指挥。创设群里活动的运动情景，运动情景可以促进学生相互了解。根据专项步伐，控制下肢的协调和速度素质。使学生能够主动探索，积极练习，培养团队精神。 3. 运动强度 　　通过准备活动到基本部分活动，学生达到中等至中上活动量					
结束部分	1. 放松活动 2. 课堂小结 3. 归还器材，宣布下课	1. 带领学生放松 2. 点评学生的表现，具体到个人	1. 按教师指导放松 2. 认真听讲，反思学习表现 3. 师生道别			

续表

过程	课程内容	教师活动	学生活动	运动负荷		
				次数	时间	强度
课程思政	培养健康的心理素质是羽毛球课堂的一项重要目标，羽毛球比赛是一项需要精神集中的运动，在课堂教学中，应该引导学生掌握良好的心理调节方法，发扬顽强拼搏的精神，增强自信心和勇气，克服挫折和失落，积极面对生活中的各种困难和挑战。羽毛球是我国最有影响力的体育项目之一。在教学过程中，应该注重让学生了解和认识羽毛球这项运动的起源、发展和历史背景，弘扬我国优秀的体育文化和精神风貌，培养学生的爱国主义情感和民族自豪感					

（二）持拍上网步伐训练

1. 分组

两人一组，一个人指挥，一个人练习，轮流进行训练。

2. 训练方法

练习者根据指挥者的指令，在中场作准备，在指挥者指令发出后再做步伐；20个一组，共三组；拍子一定要碰到网带上的球头，确保步伐到位。

3. 训练目的

练习球员跑动的积极性、上网步伐的稳定性。

4. 问题及解决方案：

（1）练习者的问题：

• 持拍角度问题，持拍手同侧脚脚尖方向与身体上网的方向不一致。

• 上网时持拍过高，导致击球不稳定。

• 上网时伸拍慢，人到网口才出拍，造成距离的浪费。

• 没有抢高点的意识。

解决方案：

• 在地上竖直摆放约倾斜45度的多球列以引导自己上网的方向。

• 持拍在肩部附近最合适。

• 根据来球的远近、跨步的大小，调整自己伸拍的时机，脚到手到。

（2）陪练的问题：

• 缺少和练习者的互动，没有交流。

- 对练习者握拍、是否抢到高点没有明确要求。

解决方案：

- 积极和练习者互动，鼓励并提醒。

- 陪练者指挥时要注意练习者的握拍是否正确，及时提醒。

- 对步伐、动作做起来有困难的同学进行慢动作演示，指出其错误之处。

教学案例

表6-3 正反手持拍上网步伐训练课程实施方案

内容	1. 正反手上网摸球步伐练习 2. 指挥 - 被指挥的合作式练习					
教学目标	1. 通过持拍上网步伐练习，培养学生的学习兴趣和团队精神，促进学生全面发展 2. 使学生掌握一定熟练度的两边步伐，锻炼身体素质 3. 发展学生的下肢灵活性、上网的稳定性 4. 通过学习和练习，发展学生的模仿能力和协调能力 5. 通过速度比赛，发展学生的竞争意识 6. 发展学生的速度素质					
过程	课程内容	教师活动	学生活动	运动负荷		
				次数	时间	强度
准备部分6分钟	一、课堂常规 1. 集合整队 2. 师生问好 3. 宣布内容 4. 安排见习 二、准备活动 慢跑热身：操场400米×3。 体育常规练习：准备活动，从头到脚	1. 集合整队 2. 师生问好 3. 宣布内容 4. 提出要求 5. 安排见习	1. 体育委员整队，向教师报告出勤人数 2. 学生三列横队，体操队形如下： ×××× ×××× ×××× ▲ 要求： 1. 快，静，齐 2. 认真听讲，精神饱满 3. 明确上课内容和要求	1 2	2 5	小 小

过程	课程内容	教师活动	学生活动	运动负荷		
				次数	时间	强度
基本部分 30分钟	1.演示与介绍 给学生介绍正反手上网训练的要点：第一，统一方向，均从正手位开始移动。第二，最后一步跨步要到位，不要仅仅用手去够球，脚下步伐要跨开。上网步伐蹬地时，制动需要脚后跟抬起。 2.口令式指挥，教师喊出开始，学生听从口令，做出摸球动作，要求脚下动作迅速	1.宣布课堂内容 2.讲解两边摸球练习的要点 3.教师讲解口令指挥要求，带领学生回顾上节课各种步伐的名称、要点 4.巡回指导，注意观察学生中的各种错误动作 5.鼓励移动速度比较慢的同学 6.将学生以列分成三个小组，组内进行练习 7.对小组展示进行评价	1.学生认真听教师讲解 2.两两结对练习 3.听教师口令进行练习 （1）三列横队成体操队形散开，队形如下： ×××× ×××× ×××× ▲ （2）认真观看教师的动作示范。 （3）学生之间相互练习，观察有无错误动作 （4）连贯练习，体会转身、跨步蹬地、制动、再转身的感觉。为组内练习做准备 （5）组内进行练习，相互帮助、纠正，并进行展示	1 3	10 4	中强
设计意图	1.教学内容 除了以上的注意事项和技巧，还有一些细节值得我们留意。首先是掌握好上网的时机和位置。在比赛中适当的主动上网可以有效地打乱对手的节奏，但同时也要注意防守，以免被对手反击。其次是注意队友之间的协作，及时进行交流和配合，以便更好地应对对手的进攻。最后，要不断地练习和培养自己的节奏感和反应速度，提高上网步伐的准确性和稳定性。 很多学生在启动上网过程中会有跺脚或者说启动步太重的现象，没有那种特别轻盈的感觉，这有可能是鞋的问题，也有可能是学生太紧张了。"启动步是有方向的"，不是直接垂直向下硬踩的，这在很大程度上是没有借到力，要在课堂上做好解决方案。 2.教学组织形式 口令式指挥要求全体学生以整齐的队列，在老师的口令下统一活动，要求动作迅速，反应快。小组自由练习时，二人一组，到指定区域内练习，各组由组长指挥。创设群里活动的运动情景，运动情景交往可以促进学生相互了解。根据专项步伐，控制下肢的协调和速度素质。使学生能够主动探索，积极练习，发展肢体动作，培养团队精神。 3.运动强度 通过准备活动到基本部分活动，学生达到中等至中上活动量					

续表

过程	课程内容	教师活动	学生活动	运动负荷		
				次数	时间	强度
结束部分	1. 放松活动 2. 课堂小结 3. 归还器材，宣布下课	1. 带领学生放松 2. 点评学生的表现，具体到个人	1. 按教师指导放松 2. 认真听讲，反思学习表现 3. 师生道别			
课程思政	课程要抓住体育教学中的思政育人点，将坚持不懈、持之以恒、团结协作、公平公正等思政教育融入各教学环节，并做到"润物细无声"。提升学生爱国爱校意识和主人翁精神，并在练习中增强体质，培养积极向上、健康快乐的意识，展现学生永不放弃、拼搏进取、竞争协作的精神					

（三）多球上网步伐训练

1. 分组

三至四人一组，由教练抛球进行练习。

2. 训练方法

练习者根据指挥者的指令，在中场做准备，教练发球，练习者根据教练的发球高度选择合适的步伐，移动击球；40个球为一组，共三组。教练发球要求无规律，可以用假动作迷惑练习者；练习者即使接不到球，也要把步伐做到位。

3. 训练目的

模拟真实比赛，进行步伐练习，同时进行放网和挑球训练。

4. 问题及解决方案

（1）练习者的问题：

• 同手同脚或者手快脚慢，无论是正手主动放网练习还是正手被动挑球练习，练习者很容易产生不动脚不垫步，只是伸手够球的动作；或者手脚同步，导致击球不稳定，身体前倾导致重心丢失。例如，练习者击球时，脚下不能很好制动，容易身体前倾失去重心，导致放网击球点过低，不能抢到高点，因此击球点不宜太高，应尽量保持腰部以下。

• 不能根据来球的质量做出合理的击球动作。

解决方案：

• 要明确"脚到手到"的原则，脚尖和来球方向保持一致。

• 上网时丢失重心和腿部的力量也有很大关系。很多练习者在练习时"刹不住车"就是由于腿部支撑能力不足，需要加强力量练习，如负重跨步、深蹲等。上网速度要快，脚下蹬地要快，这样才能抢到更高的击球点。

• 陪练者有时喂出的球比较高时，很多练习者会伸出拍子等球下落再放网或者迎着球将拍子端起来放网。当然，在实战中这类球可以做扑球处理。练习时，我们可以拍头竖起来采用竖拍放网，这样既练习了放网技术，也不会浪费我们抢到的高击球点。

（2）陪练者问题：

• 放网练习时，扔球过高。

• 扔球节奏过快或者过慢，导致练习者不能正确体会击球点。

解决方案：

• 扔球时，一定要手执球头，才能更好地控制喂球的方向。

• 可以通过在网带上插颗球的方法，来引导练习者的扔球方向。

• 开始练习时，节奏慢，掌握正确的动作是练习的主要目的，所以不能一味图快。

• 扔球速度要和练习者匹配。一般情况下，第一颗球扔完，练习者退到位，用眼神看喂球者时，就是喂球者扔下一颗球的时候。

• 练习者有一定熟练度后，陪练者可以增加喂球的力度和线路变化等，增强实战能力。

教学案例

表6-4　多球练习正反上网步伐训练课程实施方案

内容	1. 正反手上网步伐练习 2. 指挥 – 被指挥的合作式练习 3. 多球练习
教学目标	1. 通过上网步伐练习，培养学生的学习兴趣和团队精神，促进学生全面发展 2. 使学生掌握一定上网熟练度的步伐，锻炼身体素质 3. 发展学生的下肢灵活性、上网的稳定性 4. 通过学习和练习，发展学生的模仿能力和协调能力 5. 通过速度比赛，发展学生的竞争意识 6. 通过多球练习，培养学生的球感和球性

续表

过程	课程内容	教师活动	学生活动	运动负荷		
				次数	时间	强度
准备部分 6分钟	一、课堂常规 1. 集合整队 2. 师生问好 3. 宣布内容 4. 安排见习 二、准备活动 慢跑热身：操场400米×3。 体育常规练习：准备活动，从头到脚	1. 集合整队 2. 师生问好 3. 宣布内容 4. 提出要求 5. 安排见习	1. 体育委员整队，向教师报告出勤人数 2. 学生三列横队，体操队形如下： ×××× ×××× ×××× ▲ 要求： 1. 快，静，齐 2. 认真听讲，精神饱满 3. 明确上课内容和要求	1 2	2 5	小 小
基本部分 30分钟	演示与介绍。向学生介绍正反手上网训练的要点：在练习上网步伐时，建议多进行模拟比赛的练习，以便学生更好地磨炼自己的技能和反应能力。可以尝试进行反复练习和重复练习，注重细节和姿势的规范性。此外，还可以观察、借鉴其他优秀选手的表现和技巧，来不断地调整和完善自己的上网步伐	1. 宣布课堂内容 2. 讲解两边摸球练习的要点 3. 教师讲解口令指挥要求，带领学生回顾上节课各种步伐的名称、要点 4. 巡回指导，注意观察学生中的各种错误动作 5. 鼓励移动速度比较慢的同学 6. 将学生以列分成三个小组，组内进行练习 7. 对小组展示进行评价	1. 学生认真听教师讲解 2. 两两结对练习 3. 听教师口令进行练习 （1）三列横队成体操队形散开，队形如下： ×××× ×××× ×××× ▲ （2）认真观看教师的动作示范 （3）学生之间相互练习，观察有无错误动作 （4）连贯练习，体会转身、跨步蹬地、制动、再转身的感觉。为组内练习做准备 （5）组内进行练习，相互帮助、纠正，并进行展示	1 3	10 4	中 强

续表

过程	课程内容	教师活动	学生活动	运动负荷		
				次数	时间	强度
设计意图	1. 教学内容 　　正反手上网练习是结合交叉步、跨步等运动的练习形式。要求快速启动，制动要稳，身体重心在跨步过程中保持稳定。 　　主动上网步伐，是在比赛中主动选择去上网攻击对手的球。在进行主动上网时，要保持身体的平衡和稳定，同时注意脚步的落地点，以确保更好地接近球并有效地击球。注意不要将身体移动得过于靠前，以免失去平衡而影响到击球的准确性。在练习时可以尝试使用侧脚后仰的姿势来提高稳定性，并注意保持脚步的节奏感。 　　被动上网步伐，通常是由于对手发出了一记难以应对的高空球或者拦网，在这种情况下，我们需要快速地调整自己的位置，迎接对方的进攻。在进行被动上网时，我们需要利用好自己的重心，通过一些小幅度的调整来快速、准确地接球。此时，我们的上体要保持向前倾斜的状态，注意脚步的协调和灵活性，以便适应球的轨迹和速度。 　　2. 教学组织形式 　　口令式指挥要求全体学生以整齐的队列，在老师的口令下统一活动，要求动作迅速，反应快。 　　小组自由练习时，二人一组，到指定区域内练习，各组由组长指挥。创设运动情景可以促进学生相互了解。根据专项步伐，控制下肢的协调和速度素质，使学生能够主动探索，积极练习，发展肢体动作，培养团队精神。 　　3. 运动强度 　　通过准备活动到基本部分活动，学生达到中等至中上活动量					
结束部分	1. 放松活动 2. 课堂小结 3. 归还器材，宣布下课	1. 带领学生放松 2. 点评学生的表现，具体到个人	1. 按教师指导放松 2. 认真听讲，反思学习表现 3. 师生道别			
课程思政	课堂开始阶段激发学生对羽毛球运动的敬畏之心。通过讲述中国羽毛球的发展史，激发同学们的爱国情怀。在课堂常规活动中落实考勤、服装检查等活动，可以加强课堂的组织性、纪律性，引导学生认真对待课堂，敬重老师，树立尊师重道的良好品德。在课程学习之前带领学生做热身运动，可以让学生明白做事情要循序渐进的原则。启发学生深刻思考羽毛球运动的历史渊源，逐步培养学生的民族自信、文化自信					

第三节　两侧移动步伐技术与训练方法

　　两侧移动步伐主要由接杀步伐和中场突击步伐组成，是配合中场击球技术的步伐。与上网步伐和后退步伐相比，两侧移动步伐移动的范围较小，要

求横移速度更快，同时因为被动球较多，导致蹬转更加频繁，对于腿部力量和腰腹力量要求高。

一、两侧移动步伐技术

接杀步伐往往是较为被动的两侧移动步伐，需要球员在下手位置击球，因此接杀步伐需要球员能够做到一步蹬转和较为快速的启动。

中场突击步伐往往是因为对方回球不到位，球员能在中场位置截击到来球，上手位进行突击时的步伐。为了争取更高的击球点，球员往往需要起跳腾空。

（一）正手接杀步伐

准备时，球员在中场略微靠前的位置，双脚分开约与肩同宽，右脚稍微前于左脚，脚后跟稍微提起，降低重心。

若来球离身体较近，则双膝微曲，向右侧蹬地发力，快速启动。启动后，右腿向右侧蹬跨出一大步的同时转髋，球拍向来球位置挥出，上身略微下倾，非持拍手外伸保持身体平衡。若来球离身体较远，则双膝微曲，向右侧蹬地发力，快速启动。启动后，先向右侧做一个垫步，拉近身体与来球的距离，之后再向右蹬跨出一大步，转髋击球，上身略微下倾，非持拍手外伸保持身体平衡。

完成击球后，身体重心向左侧偏移，同时身体立起，恢复击球前的动作，向左侧做垫步，回到中场，做好下一次接球准备。

图6-8 正手接杀步伐

1. 练习目标

熟悉正手击球的要点，体会羽毛球前脚掌移动、低重心移动的特点。能进行接杀挡直线、挡斜线的处理。体会正确的接杀握拍和接杀位置以及出手的稳定性。

2. 练习意义

增强学生对羽毛球的控制能力，发展移动中击球的稳定性。

3. 问题及解决方案

（1）练习者的问题：

- 全脚掌着地，重心过高，不利于快速启动转身接杀。
- 低头只顾脚下，不看来球方向，盲目猜测来球位置。
- 启动慢，接不到球，不能快速出腿。

解决方案：

- 启动时右脚快速蹬地向前迈出去，左脚迅速跟上，用球拍带动身体，促使自己跨步接球。
- 大跨步时，要注意脚后跟先着地，不要用脚尖制动，防止扭伤。脚尖要朝向来球方向，不要内拐。
- 注意握拍，观察来球的方向和对手的位置，判断是挡直线还是挡斜线。

（2）陪练者的问题：

- 对练习者的步伐不合理没有及时提醒。

• 没有根据练习者的现有水平，选择合适的节奏指挥。

解决方案：

• 陪练者指挥时要与练习者保持适当的距离，动作干脆没有歧义。

• 对于不同身体特点、水平的练习者，陪练者要与练习者进行简单沟通交流，尽量配合练习者的练习方式和练习方法，增强练习效果。

（二）反手接杀步伐

准备时，在中场略微靠前的位置，双脚分开约与肩同宽，右脚稍微前于左脚，脚后跟稍微提起，降低重心。

若来球离身体较近，则双膝微曲，向左侧蹬地发力，快速启动。启动后，左腿向左侧蹬跨出一大步，身体向左侧微转，转髋，向左下方伸出球拍击球，上身略微下倾，非持拍手外伸保持身体平衡。若来球离身体较远，则双膝微曲，向左侧蹬地发力，快速启动。启动后，先向左侧做一个垫步，拉近身体与来球的距离。之后，右腿向左侧蹬出，身体左转至后背大致冲网，转髋，球拍向左下方挥动击球，上身略微下倾，非持拍手外伸保持身体平衡。

完成击球后，身体重心向右侧偏移，同时身体立起，恢复击球前的动作，同时向右侧做垫步，回到中场，做好下一次接球准备。

1. 练习目标

熟悉正手击球的要点，体会羽毛球前脚掌移动、低重心移动的特点。能进行接杀挡直线、挡斜线的处理。体会正确的接杀握拍和接杀位置以及出手的稳定性。

2. 练习意义

发展下肢能力，提升接杀步伐的熟练度，提升接杀的球感。

3. 问题及解决方案

（1）练习者的问题：

• 出拍动作太大，导致击球不稳定。

• 不能正确判断接杀是否需要转身。

• 启动慢，接不到球，不能快速出腿。

图6-9 反手接杀步伐

解决方案：

- 启动时右脚快速蹬地向前迈出，左脚跟上，用球拍带动身体，使自己跨步接球。
- 大跨步时，要注意脚后跟先着地，不要用脚尖制动，防止扭伤。脚尖要朝向来球方向，不要内拐。
- 注意握拍，观察来球的方向和对手的位置，判断是挡直线还是挡斜线。
- 若来球近，则一步到位，非持拍脚出腿即可；来球远时，则考虑侧身转体，蹬地出右脚。

（2）陪练者的问题：

• 陪练者没有在合适的时机提醒练习者，缺少和练习者之间的沟通。

• 陪练者没有及时发现练习者的错误动作，如握拍是否合理，脚下启动是否时机准确。

解决方案：

• 对于高水平的练习者，陪练者可以采用负重、阻力带等方式增加训练的挑战性。

• 陪练者指挥时要与练习者保持适当距离，积极互动，动作干脆没有歧义。

教学案例

表6-5　正反手接杀训练课程实施方案

内容	1. 正反手上网摸球步伐练习 2. 指挥－被指挥的合作式练习					
教学目标	1. 通过上网摸球步伐练习，培养学生的学习兴趣和团队精神，促进学生全面发展 2. 使学生掌握一定熟练度的两边步伐，锻炼身体素质 3. 发展学生的下肢灵活性、上网的稳定性 4. 通过学习和练习，发展学生的模仿能力和协调能力 5. 通过速度比赛，发展学生的竞争意识					
过程	课程内容	教师活动	学生活动	运动负荷		
				次数	时间	强度
准备部分6分钟	一、课堂常规 1. 集合整队 2. 师生问好 3. 宣布内容 4. 安排见习 二、准备活动 慢跑热身：操场400米×3。 体育常规练习：准备活动，从头到脚	1. 集合整队 2. 师生问好 3. 宣布内容 4. 提出要求 5. 安排见习	1. 体育委员整队，向教师报告出勤人数 　2. 学生三列横队，体操队形如下： ×××× ×××× ×××× ▲ 要求： 1. 快，静，齐 2. 认真听讲，精神饱满 3. 明确上课内容和要求	1 2	2 5	小 小

过程	课程内容	教师活动	学生活动	运动负荷		
				次数	时间	强度
基本部分 30分钟	1. 演示与介绍　给学生介绍正反手接杀训练的要点：第一，统一方向，均从正手位开始移动。第二，最后一步跨步要到位，不要仅仅用手去够球，脚下步伐要跨开。上网步伐蹬地时，制动需要脚后跟抬起。　2. 口令式指挥，教师喊出开始，学生听从口令，做出摸球动作，要求脚下动作迅速	1. 宣布课堂内容　2. 讲解两边摸球练习的要点　3. 教师讲解口令指挥要求，带领学生回顾上节课各种步伐的名称、要点　4. 巡回指导，注意观察学生中的各种错误动作　5. 鼓励移动速度比较慢的同学　6. 将学生以列分成三个小组，组内进行练习　7. 对小组展示进行评价	1. 学生认真听教师讲解　2. 两两结对练习　3. 听教师口令进行练习　（1）三列横队成体操队形散开，队形如下：　×××× ×××× ×××× ▲ （2）认真观看教师的动作示范　（3）学生之间相互练习，观察有无错误动作　（4）连贯练习，体会转身、跨步蹬地、制动、再转身的感觉。为组内练习做准备　（5）组内进行练习，相互帮助、纠正，并进行展示	1 3	10 4	中强
设计意图						

设计意图

1. 教学内容

　　羽毛球接杀步伐练习技能是羽毛球比赛中非常重要的一部分，它可以帮助学生更快、更准确地接球，并且为下一个回合做好准备。该练习需要注意以下几点：第一，保持平衡。移动时始终保持身体的平衡，以便更好地控制自己的动作和方向。第二，注意脚尖方向。在接杀球时，脚步必须轻快而稳定。脚步的方向也必须正确，这样才能更好地到达球的位置。第三，练习不同的步伐（一步到位步伐、两步到位步伐）。学习并掌握不同的步伐可以帮助学生应对各种不同的球路。第四，接杀意识。注意两边接杀或者上网接吊，提醒学生重心压低一些，在一个比较低的高度下左右移动。

2. 教学组织形式

　　课程增加体育相关理论的讲授，不是只在课堂上讲授，而是要融入整个学期的课上、课下。结合教学大纲内容，通过PPT、图片、影视资料，让学生了解相关知识，武装头脑、锻炼体魄；传播优秀体育精神，树立学生心中的"球星"，把国家利益、国情观念、民族团结、国际视野作为重点内容；引导学生塑造良好的竞争意识及协同合作关系，增强学生的社会适应能力，培养学生的拼搏精神，锻炼学生顽强的意志品质和自我心理调节能力；把传授体育知识、技术、技能与科学锻炼方法有机结合起来，树立终身锻炼的观念，把德、智、体、美、劳融于体育课程之中，充分发挥五育并举的育人功能。

3. 运动强度

　　通过准备活动到基本部分活动，学生达到中等至中上活动量

大学生羽毛球运动
理论与实践

续表

过程	课程内容	教师活动	学生活动	运动负荷		
				次数	时间	强度
结束部分	1. 放松活动 2. 课堂小结 3. 归还器材，宣布下课	1. 带领学生放松 2. 点评学生的表现，具体到个人	1. 按教师指导放松 2. 认真听讲，反思学习表现 3. 师生道别			
课程思政	在羽毛球专项课的教学中，要普及体育运动的教育功能，以"健康第一"为指导思想；以实施素质教育为宗旨；以学生为主体，充分利用情境教学、个性教学、体育游戏等多种教学方法，始终坚持以学生为本，注重激发学生的运动兴趣，发挥学生的主体作用，培养学生的自主训练能力，体验健康、自由和快乐。 体育锻炼增进了人与人的交流，在竞赛中培养竞争意识，在合作中培养团队精神，共同促进，不断提高。大学体育不仅是在校期间的阶段性教育，还肩负着培养学生"终身体育"的任务。在日常教学中，多采用教学比赛、体育游戏等组织形式，在激发学生超越自我、勇于拼搏的同时，培养公平竞争、崇尚荣誉、勇于面对挫折的个人能力					

（三）正手中场突击步伐

准备时，在中场略微靠前的位置，双脚分开约与肩同宽，右脚稍微前于左脚，脚后跟稍微提起，降低重心。

若来球离身体较近，双膝微曲，此时无须启动，选择右腿向右后方蹬地发力，身体向右侧舒展飞出，腰腹发力，挥拍击球。若来球离身体较远，双膝微曲，快速启动。启动后，快速向右侧垫一小步，右腿向右后方蹬地发力，使身体向右飞出，腰腹力量发力，挥拍击球。

完成击球后，左脚先落地，右脚落地的瞬间降低重心，垫步回到中场。球拍收至胸前，做好下一次接球准备。

1. 练习意义

发展下肢能力，提升进攻能力，提升进攻组织的能力。

2. 问题及解决方案

（1）练习者的问题：

• 杀球位置不合理，没有造成足够威胁，导致自己连贯不到下一拍。

132

图6-10　正手中场突击步伐

- 回动蹬地过慢，一次进攻后不能快速、连贯地进行下一拍。
- 启动慢，没有拿到球的最佳击球点，不能快速出腿。
- 没有调整握拍角度，导致击球拍面不正。

解决方案：

- 启动时左脚快速蹬地向斜后方迈出，右脚迅速跟上，在空中起跳时身体展开，快速收腹，利用腰腹将球下压。
- 注意握拍，观察来球的方向和对手的位置，判断是杀直线还是杀斜线更加有利。调整虎口和握拍的位置，体会最佳的击球位置和动作。
- 对墙挥拍，纠正杀球拍面，体会下砸的感觉。

（2）陪练者的问题：

• 对练习者起跳的时机没有做出正确的引导。

• 没有观察练习者启动的位置是否合理，脚下的步伐是否到位。

• 指挥动作离练习者过远，使其不能观察到信号。

解决方案：

• 在击球、起跳等环节，口头提醒练习者"跳""压"，引导练习者合理的节奏。

• 陪练者指挥时要与练习者保持适当的距离，动作干脆，没有歧义。

（四）正手头顶突击步伐

准备时，在中场略微靠前的位置，双脚分开约与肩同宽，右脚稍微前于左脚，脚后跟稍微提起，降低重心。

若来球离身体较近，双膝微曲，此时无须启动，左腿向左后方蹬地发力，身体向左侧舒展飞出，腰腹力量发力，挥拍击球。若来球离身体较远，双膝微曲，快速启动。启动后，快速向左侧垫一小步，左腿向左后方蹬地发力，使身体向左飞出，腰腹发力，球拍随手臂向左上方伸出，挥拍击球。

完成击球后，右脚先落地，左脚落地的瞬间降低重心，垫步回到中场。球拍收至胸前，做好下一次接球准备。

1. 练习意义

发展下肢能力，提升进攻的能力。

2. 问题及解决方案

练习者的问题：

• 对是否应该进行突击的判断不足，或失去进攻机会，或不该下压时强行下压。

• 回动能力差，一次进攻后不能快速、连贯地进行下一拍。

• 启动慢，没有拿到球的最佳击球点，不能快速出腿。

解决方案：

• 头顶突击时，转体不够充分，牢记两个180度：第一个180度，侧身转体，身体重心下降，准备杀球；第二个180度，起跳转身，肩部快速带领大小臂向下砸，身体重心向下压，包裹住球。

• 注意握拍，观察来球的方向和对手的位置，判断是杀直线还是杀斜线。

图6-11　正手头顶突击步伐

教学案例

表6-6　正手区与头顶区突击步伐训练课程实施方案

内容	1. 正反手两边突击步伐练习 2. 指挥－被指挥的合作式练习
教学 目标	1. 通过接杀步伐练习，培养学生的学习兴趣和团队精神，促进学生全面发展 2. 使学生掌握一定熟练度的两边步伐，锻炼身体素质 3. 发展学生的下肢灵活性、上网的稳定性 4. 通过学习和练习，发展学生的模仿能力和协调能力 5. 通过速度比赛，发展学生的竞争意识

续表

过程	课程内容	教师活动	学生活动	运动负荷		
				次数	时间	强度
准备部分6分钟	一、课堂常规 1. 集合整队 2. 师生问好 3. 宣布内容 4. 安排见习 二、准备活动 慢跑热身：操场400米×3。 体育常规练习：准备活动，从头到脚	1. 集合整队 2. 师生问好 3. 宣布内容 4. 提出要求 5. 安排见习	1. 体育委员整队，向教师报告出勤人数 2. 学生三列横队，体操队形如下： ×××× ×××× ×××× ▲ 要求： 1. 快，静，齐 2. 认真听讲，精神饱满 3. 明确上课内容和要求	1 2	2 5	小 小
基本部分30分钟	1. 演示与介绍 给学生介绍正反两边突击步伐训练的要点：准备时，在中场略微靠前的位置，双脚分开约与肩同宽，右脚稍微前于左脚、脚后跟稍微提起，降低重心。内容介绍：后场两边突击步伐是非常重要的技术之一，可以帮助球员快速移动到球场的两侧，从而覆盖更广泛的区域并进行有效的防守和进攻。 2. 口令式指挥，教师喊出"开始"，学生听从口令，做出摸球动作，要求脚下动作迅速 3. 学生分组进行两边突击步伐的练习，教师进行观察与指导	1. 宣布课堂内容 2. 讲解两边摸球练习的要点 3. 教师讲解口令指挥要求，带领学生回顾上节课各种步伐的名称、要点 4. 巡回指导，注意观察学生的各种错误动作 5. 鼓励移动速度比较慢的同学 6. 将学生以列分成三个小组，组内进行练习 7. 对小组展示进行评价	1. 学生认真听教师讲解 2. 两两结对练习 3. 听教师口令进行练习 （1）三列横队成体操队形散开，队形如下： ×××× ×××× ×××× ▲ （2）认真观看教师的动作示范 （3）学生之间相互练习，观察有无错误动作 （4）连贯练习，体会转身、跨步蹬地、制动、再转身的感觉。为组内练习做准备 （5）组内进行练习，相互帮助、纠正，并进行展示	1 3	10 4	中 强

续表

过程	课程内容	教师活动	学生活动	运动负荷		
				次数	时间	强度
设计意图	1. 教学内容 　　突击步伐练习是结合并步、跨步等运动的练习形式。要求快速启动，制动要稳，身体重心在击球过程中保持稳定。 　　教学过程中对学生进行要点纠正： 　　（1）腰部姿势。要尽可能地保持腰部直立，这有助于提高平衡性和灵活性 　　（2）杀球时，眼睛应该注视对手的移动和球的位置，这有助于更好地预测球的落点 　　（3）不要停留在一个位置。杀球时，如果没有及时到位，就很可能错过球 　　关于练习方式，建议学生采取以下几种方法： 　　（1）练习多种步伐，体会不同步伐的应用场景。掌握不同的步伐，如前场步伐、后场步伐和侧身步伐等，这将使自己在场上更加灵活 　　（2）增加下肢力量训练。通过下肢力量训练，可以提高自己的爆发力和速度反应能力，从而更快地到达球的位置 　　（3）与队友进行多球训练。与队友进行两边突击步伐训练，可以帮助自己更好地了解彼此的步伐和习惯，以及如何更好地协作 　　2. 教学组织形式 　　口令式指挥要求全体学生以整齐的队列，在老师的口令下统一活动，要求动作迅速，反应快。 　　小组自由练习时，五人一组，到指定区域内练习，各组由组长指挥。创设群里活动的运动情景，运动情景可以促进学生相互了解。根据专项步伐，控制下肢的协调和速度素质。使学生能够主动探索，积极练习，发展肢体动作，培养团队精神。 　　3. 运动强度 　　通过准备活动到基本部分活动，学生达到中等至中上活动量					
结束部分	1. 放松活动 2. 课堂小结 3. 归还器材，宣布下课	1. 带领学生放松 2. 点评学生的表现，具体到个人	1. 按教师指导放松 2. 认真听讲，反思学习表现 3. 师生道别			
课程思政	强国梦丰富思政，促进以体育人。以"体育强国梦"为指引，结合中国特色社会主义体育发展的时代背景，充实高校体育课程思政的内涵。使思政课程的显性教育与体育课程的隐形教育、体育课程的"动"和思政课程的"静"实现高度融合，形成合力创新发展，从而更好地促进学生的德、智、体、美、劳全面发展，实现立德树人的教育任务，形成体育文化育人的良好氛围。 　　体育运动自古代奥运会时期发展至今，已经演变成一种精神。本课程从正反手上网持拍步伐训练入手，以体育的本质、功能及历史作为出发点，讲授中国体育走过的艰难历程。体育运动使国家产生凝聚力，使民族精神得到升华、爱国激情得到弘扬，民族之心连为一体，有助于加强爱国主义教育和增强民族凝聚力。传播"中国梦""体育强则中国强""体育强国梦""全民健康""健康中国"等重要观点及思想，并以中国羽毛球发展历程为主线，以优秀运动员为闪光点，激发学生的爱国热情，厚植爱国主义情怀，把"爱国情、强国志、报国行"自觉融入坚持和发展中国特色社会主义事业、建设社会主义现代化强国、实现中华民族伟大复兴的奋斗之中					

二、两侧移动步伐训练方法

（一）两侧徒手摸球训练

1. 分组

两人一组，一个人指挥，一个人练习，轮流进行训练。

2. 训练方式

练习者根据指挥者的指令，在中场做准备，指挥者指令发出后再做步伐。在两个中场边线各摆放 10 个球，共三组。指挥者的指挥是随机的，可以做假动作迷惑练习者，不存在规律。练习者最后一步要弓箭步做到位。

3. 训练目的

练习球员的步伐。

4. 问题及解决方案

（1）练习者的问题：

- 全脚掌着地，重心过高，不利于快速启动转身摸球。
- 低头只顾脚下，不看指挥方向。
- 启动慢，不能快速出腿。
- 最后一组球摸完后，没有回中踩线。

解决方案：

- 启动时右脚快速蹬地向前迈出去，左脚迅速跟上，用球拍带动身体，促使自己跨步接球。
- 大跨步时，要注意脚后跟先着地，不要用脚尖制动，防止扭伤。脚尖要朝向来球方向，不要内拐。
- 注意重心保持在低水平，减少身体的起伏，保持稳定。
- 两边摸球训练时，要求最后一步回中踩线。

（2）陪练者的问题：

- 没有观察到练习者转身蹬地、脚下制动时步伐是否到位。
- 练习时陪练者未能积极和练习者互动，导致练习者训练消极。
- 训练时节奏单一，导致训练效果不好。

解决方案：

观察练习者的步伐，做出必要的提醒。在练习中要注重节奏的变化，加快或减慢打球的速度，以增强应练习者对比赛的能力。

教学案例

表 6-7 两侧徒手摸球训练课程实施方案

内容	1. 两边摸球步伐练习 2. 指挥 – 被指挥的合作式练习					
教学目标	1. 通过两边摸球步伐练习，培养学生的学习兴趣和团队精神，促进学生的全面发展 2. 使学生掌握一定两边步伐熟练度，锻炼身体素质 3. 发展学生下肢灵活性 4. 通过学习和练习，发展学生的模仿能力和协调能力 5. 通过速度比赛，发展学生的竞争意识					
过程	课程内容	教师活动	学生活动	运动负荷		
				次数	时间	强度
准备部分6分钟	一、课堂常规 1. 集合整队 2. 师生问好 3. 宣布内容 4. 安排见习 二、准备活动 慢跑热身：操场400米×3。 体育常规练习：准备活动，从头到脚	1. 集合整队 2. 师生问好 3. 宣布内容 4. 提出要求 5. 安排见习	1. 体育委员整队，向教师报告出勤人数 2. 学生三列横队，体操队形如下： ×××× ×××× ×××× ▲ 要求： 1. 快，静，齐 2. 认真听讲，精神饱满 3. 明确上课内容和要求	1 2	2 5	小 小
基本部分30分钟	1. 演示与介绍 给学生介绍两边移动摸球训练的要点： 第一，统一方向，均从正手位开始移动。 第二，跨步要到位，不要仅仅用手去够球，脚下步伐要跨开。两边的球摸完后，最后一步要跨回场地中间。不要离开场地	1. 宣布课堂内容 2. 讲解两侧徒手摸球练习的要点 3. 教师讲解口令指挥要求，带领学生回顾上节课各种步伐的名称、要点 4. 巡回指导 5. 鼓励移动速度比较慢的同学	1. 学生认真听教师讲解 2. 两两结对练习 3. 听教师口令进行练习 （1）三列横队成体操队形散开，队形如下： ×××× ×××× ×××× ▲ （2）认真观看教师的动作示范	1	10	中强

大学生羽毛球运动
理论与实践

过程	课程内容	教师活动	学生活动	运动负荷		
				次数	时间	强度
基本部分 30分钟	2. 口令式指挥，教师喊出开始，学生听从口令，做出摸球动作，要求脚下动作迅速	6. 将学生以列分成三个小组，组内进行练习 7. 对小组展示进行评价	（3）学生之间相互练习，观察有无错误动作 （4）连贯练习，体会转身、跨步蹬地、制动、再转身的感觉。为组内练习做准备 （5）组内进行练习，相互帮助、纠正，并进行展示	3	4	
设计意图	1. 教学内容 两侧移动摸球练习是结合交叉步、并步、跨步等运动的练习形式。它是上一节专项步伐练习的总和，难度和强度都会更大，要求同学们做好充分的准备活动，穿运动鞋，防止跨步时扭伤。 2. 教学组织形式 口令式指挥要求全体学生以整齐的队列，在老师的口令下统一活动，要求动作迅速，反应快。 小组自由练习时，二人一组，到指定区域内练习，各组由组长指挥。创设群里活动的运动情景，运动情景可以促进学生相互了解。根据专项步伐，控制下肢的协调和速度素质。使学生能够主动探索，积极练习，发展肢体动作，培养团队精神。 3. 运动强度 通过准备活动到基本部分活动，学生达到中等至中上活动量					
结束部分	1. 放松活动 2. 课堂小结 3. 归还器材，宣布下课	1. 带领学生放松 2. 点评学生的表现，具体到个人	1. 按教师指导放松 2. 认真听讲，反思学习表现 3. 师生道别			
课程思政	两侧摸球练习是一项融合了体育、文化、竞技和健康的综合性练习，对于学生们的身体素质和心理素质的提高都有积极的作用。在课堂教学中，要注重思政教育的引导，通过教学实践，让学生在锻炼身体的同时，培养健康的思想意识和正确的人生价值观。在羽毛球课堂上，要注重培养学生的团队合作精神。在比赛中，每个人都需要与队友互相协作，才能取得胜利。因此，在课堂教学中，应该引导学生明确自己的角色和责任，并以团队为单位进行训练和比赛，强化他们的集体荣誉感和团队精神。在羽毛球课堂上，教师也要注重建立公平竞争的环境，应该严格按照规则进行比赛，避免出现任何不公正的行为。同时，还要引导学生在比赛中尊重对手、不以胜利为唯一目的，注重个人成长和团队合作，树立正确的竞争观念					

（二）两侧接杀挥拍训练

1. 分组

两人一组，一个人指挥，一个人练习，轮流训练。

2. 训练方式

练习者根据指挥者的指令，持拍进行，由中场作准备，在指挥者指令发出后再做步伐，20 个一组，共三组。指挥者的指挥是随机的，可以做假动作迷惑练习者，不存在规律。练习者最后一步要弓箭步做到位。

3. 训练目的

练习球员的步伐；模拟比赛场景，提高球员的反应能力和判断能力。

教学案例

表6-8　两侧接杀挥拍步伐训练课程实施方案

内容	1. 正反手接杀步伐练习 2. 指挥 – 被指挥的合作式练习					
教学目标	1. 通过接杀步伐练习，培养学生的学习兴趣和团队精神，促进学生的全面发展 2. 使学生掌握一定熟练度的两边步伐，锻炼身体素质 3. 发展学生的下肢灵活性、上网的稳定性 4. 通过学习和练习，发展学生的模仿能力和协调能力 5. 通过速度比赛，发展学生的竞争意识					
过程	课程内容	教师活动	学生活动	运动负荷		
				次数	时间	强度
准备部分6分钟	一、课堂常规 1. 集合整队 2. 师生问好 3. 宣布内容 4. 安排见习 二、准备活动 慢跑热身：操场400米×3。 体育常规练习：准备活动，从头到脚	1. 集合整队 2. 师生问好 3. 宣布内容 4. 提出要求 5. 安排见习	1. 体育委员整队，向教师报告出勤人数 2. 学生三列横队，体操队形如下： ×××× ×××× ×××× ▲ 要求： 1. 快，静，齐 2. 认真听讲，精神饱满 3. 明确上课内容和要求 4. 听教师口令进行练习	1 2	2 5	小 小

大学生羽毛球运动
理论与实践

续表

过程	课程内容	教师活动	学生活动	运动负荷		
				次数	时间	强度
基本部分30分钟	1.演示与介绍 给学生介绍正反手接杀步伐训练的要点：第一，统一方向，均从正手位开始移动。第二，最后一步跨步要到位，不要仅仅用拍子去够球，脚下步伐要跨开。最后一步步伐蹬地时，制动需要脚后跟抬起。 2.口令式指挥 教师喊出"开始"，学生听从口令，做出摸球动作，要求脚下动作迅速	1.宣布课堂内容 2.讲解两侧接杀挥拍练习的要点 3.教师讲解口令指挥要求，带领学生回顾上节课各种步伐的名称、要点 4.巡回指导，注意观察学生中的各种错误动作 5.鼓励移动速度比较慢的同学 6.将学生以列分成三个小组，组内进行练习 7.对小组展示进行评价	1.三列横队成体操队形散开，队形如下： ×××× ×××× ×××× ▲ 2.认真观看教师的动作示范 3.学生之间相互练习，观察有无错误动作 4.连贯练习，体会转身、跨步蹬地、制动、再转身的感觉。为组内练习做准备 5.组内进行练习，相互帮助、纠正，并进行展示	1 3	10 4	中 强
设计意图	1.教学内容 两侧接杀挥拍练习是结合交叉步、跨步等运动的练习形式。要求快速启动，制动要稳，身体重心在跨步过程中保持稳定。 教学过程中对学生进行要点纠正： （1）腰部姿势。要尽可能地保持腰部直立，这有助于提高平衡性和灵活性 （2）接杀时眼睛应该注视对手的移动和球的位置，这有助于更好地预测球的落点 （3）不要停留在一个位置。在接杀时，如果没有及时到达正确的位置，就很可能错过球 关于练习方式，建议学生采取以下几种方法： （1）练习多种步伐，体会不同步伐的应用场景。掌握不同的步伐，例如前场步伐、后场步伐和侧身步伐等，这将使自己在场上更加灵活 （2）增加下肢力量训练。通过下肢力量训练，可以提高自己的爆发力和速度反应能力，从而更快地到达球的位置 （3）与队友进行接杀训练，可以帮助自己更好地了解彼此的步伐和习惯，以及如何更好地协作					

续表

过程	课程内容	教师活动	学生活动	运动负荷		
				次数	时间	强度
设计意图	2.教学组织形式 　口令式指挥要求全体学生以整齐的队列，在老师的口令下统一活动，要求动作迅速，反应快。 　小组自由练习时，五人一组，到指定区域内练习，各组由组长指挥。创设群里活动的运动情景，运动情景可以促进学生相互了解。根据专项步伐，控制下肢的协调和速度素质。使学生能够主动探索，积极练习，发展肢体动作，培养团队精神。 3.运动强度 通过准备活动到基本部分活动，学生达到中等至中上活动量					
结束部分	1. 放松活动 2. 课堂小结 3. 归还器材，宣布下课	1. 带领学生放松 2. 点评学生的表现，具体到个人	1. 按教师指导放松 2. 认真听讲，反思学习表现 3. 师生道别			

（三）两侧接杀多球训练

1. 分组

三至四人一组，由教练抛球进行练习。

2. 训练方式

练习者在中场作准备，教练发球，根据教练发球高度选择合适步伐，移动击球。40个球为一组，共三组。教练发球要求无规律，可以用假动作迷惑练习者。练习者即使接不到球，也要把步伐做到位。

3. 训练目的

模拟真实比赛，进行步伐练习，同时进行接杀和平抽挡训练。

大学生羽毛球运动
理论与实践

教学案例

表6-9　两侧接杀多球训练课程实施方案

内容	1. 正反手接杀步伐练习 2. 指挥 – 被指挥的合作式练习 3. 多球训练					
教学 目标	1. 通过多球步伐练习，培养学生的学习兴趣和团队精神，促进学生全面发展 2. 使学生掌握一定熟练度的两边步伐，锻炼身体素质 3. 发展学生的下肢灵活性、上网的稳定性。 4. 通过学习和练习，发展学生的模仿能力和协调能力 5. 通过速度比赛，发展学生的竞争意识					

过程	课程内容	教师活动	学生活动	运动负荷		
				次数	时间	强度
准备 部分6 分钟	一、课堂常规 1. 集合整队 2. 师生问好 3. 宣布内容 4. 安排见习 二、准备活动 慢跑热身：操场400 米 ×3。 体育常规练习：准备活动，从头到脚	1. 集合整队 2. 师生问好 3. 宣布内容 4. 提出要求 5. 安排见习	1. 体育委员整队，向教师报告出勤人数 2. 学生三列横队，体操队形如下： ×××× ×××× ×××× ▲ 要求： 1. 快，静，齐 2. 认真听讲，精神饱满 3. 明确上课内容和要求	1 2	2 5	小 小
基本 部分 30 分钟	1. 演示与介绍 给学生介绍正反手上接杀训练的要点：第一，统一方向，均从正手位开始移动。第二，最后一步跨步要到位，不要仅仅用手去够球，脚下步伐要跨开。上网步伐蹬地时，制动需要脚后跟抬起	1. 宣布课堂内容 2. 讲解两侧接杀多球练习的要点 3. 教师讲解口令指挥要求，带领同学回顾上节课各种步伐的名称、要点 4. 巡回指导，注意观察学生的各种错误动作 5. 鼓励移动速度比较慢的同学	1. 学生认真听教师讲解 2. 两两结对练习 3. 听教师口令进行练习 （1）三列横队成体操队形散开，队形如下： ×××× ×××× ×××× ▲ （2）认真观看教师的动作示范	1	10	中强

144

续表

过程	课程内容	教师活动	学生活动	运动负荷		
				次数	时间	强度
基本部分 30分钟	2. 口令式指挥 教师喊出"开始"，学生听从口令，做出摸球动作，要求脚下动作迅速	6. 将学生以列分成三个小组，组内进行练习 7. 对小组展示进行评价	（3）学生之间相互练习，观察有无错误动作 （4）连贯练习，体会转身、跨步蹬地、制动、再转身的感觉。为组内练习做准备 （5）组内进行练习，相互帮助、纠正，并进行展示	3	30	
设计意图	1. 教学内容 　正反手接杀步伐的多球训练，旨在训练学生接杀挡网的稳定性，侧重点如下：一是学生的握拍，尽可能将手腕立起来，这样才有机会进行挡对角等技术更加多变的处理方式。二是跨步，来球的远近，跨一步还是两步，需不需要侧身，都是在多球当中产生的问题。三是接杀的出手要尽可能简单、快速，用球拍带动身体。 　2. 教学组织形式 　口令式指挥要求全体学生以整齐的队列，在老师的口令下统一活动，要求动作迅速，反应快。 　小组自由练习时，二人一组，到指定区域内练习，各组由组长指挥。创设群里活动的运动情景，运动情景可以促进学生相互了解。根据专项步伐，控制下肢的协调和速度素质。使学生能够主动探索，积极练习，发展肢体动作，培养团队精神。 　多球训练时，穿球的同学、休息的同学、准备下一个上场地训练的同学，都要有一个目标意识，让自己在训练中忙起来，有事可做，不能等待教师的指示如"下一个该上了""去穿球""来递球"，只有积极主动，训练的效率才会更高。 　3. 运动强度 　通过准备活动到基本部分活动，学生达到中等至中上活动量					
结束部分	1. 放松活动 2. 课堂小结 3. 归还器材，宣布下课	1. 带领学生放松 2. 点评学生的表现，具体到个人	1. 按教师指导放松 2. 认真听讲，反思学习表现 3. 师生道别			
课程思政	思政要素融入点： 1. 技术动作练习，培养坚韧不拔、追求卓越的体育精神 2. 分组练习，使学生学会交流与合作，培养学生的集体意识、团队合作 3. 回合计数比赛，培养学生争先创优的体育精神					

第四节　后退步伐技术与训练方法

后退步伐是配合后场击球技术的基本步伐，主要由主动步伐和被动步伐组成。后退步伐也是训练中非常重要的步伐，具有一定的难度，在做步伐时，初学者往往会因为重心不稳导致出现一些问题。

一、后退步伐技术

（一）正手区后退（主动步伐）

准备时，在中场略微靠前的位置，双脚分开约与肩同宽，右脚稍微前于左脚，脚后跟稍微提起，降低重心。

迎球时，右脚向右后方发力蹬出，髋部向右后方转动带动身体向右后方旋转至侧身。并步后退至来球的左后方。击球时，重心位于右脚。

完成击球后，右腿顺势迈到体前，之后交叉步回到中场。

图6-12　正手区后退（主动步伐）

1. 练习目标

熟悉正手区后退技术的要点，体会羽毛球前脚掌移动、低重心移动的特点。能进行高球、吊球、杀球的处理。体会正确的后场击球位置以及出手的稳定性。

2. 练习意义

发展学生的下肢力量，提高后场击球的主动性、回中的稳定性。

3. 问题及解决方案

（1）练习者的问题：

- 脚步站死，前脚掌未着地，重心过高，不利于快速启动转身接杀。
- 盲目猜测来球位置，过早启动。
- 转体蹬地过慢，错过最佳击球位置。
- 击球后不能快速回中做好下一拍的准备。

解决方案：

- 启动时左脚快速蹬地，向右后方迈出去，右脚迅速并步跟上，尽可能地在高点击球。
- 转身蹬地要狠、要迅速，快速完成蹬地和回中的动作。

（2）陪练者的问题：

- 被动步伐练习时，没有对练习者要求低重心。
- 没有及时发现练习者动作过大、击球姿势不合理的问题。
- 指挥动作发出前没有和练习者沟通，节奏方式不合理，导致练习效果欠佳。

解决方案：

- 指挥步伐时注意观察练习者的状态，有针对性地练习薄弱环节。
- 陪练者指挥时要与练习者保持适当的距离，动作干脆，没有歧义。
- 观察练习者的动作是否符合要求，及时指出问题和不足。

（二）正手区后退（被动步伐）

准备时，在中场略微靠前的位置，双脚分开约与肩同宽，右脚稍微前于左脚，脚后跟稍微提起，降低重心。

迎球时，快速启动，右脚向右后方发力蹬出，髋部向右后方转动，带动身体向右后方旋转至侧身。向右后方快速做一个小垫步，之后右腿向右后方蹬跨一大步。

击球时，重心完全移动到右脚位置，非持拍手向外伸展，使身体保持平衡。

完成击球后，身体重心向左前方移动，上身立起，前交叉步回中场，做好击球准备。

图6-13　正手区后退（被动步伐）

1. 练习目标

熟悉正手区后退步伐的要点，体会羽毛球前脚掌移动、低重心移动的特点。能进行过渡球、吊球、抽球的处理，体会正确的后场击球位置。

2. 练习意义

发展学生的下肢力量，提高后场击球的挣扎能力、回中的稳定性、被动球的摆脱和反控制。

3. 问题及解决方案

（1）练习者的问题：

- 被动状态下，过渡球的处理线路不合理。
- 过渡球击球时，过分切拍，导致击球下网。
- 脚下动作不到位，转身速度慢。
- 击球后不能快速回中和做好下一拍的准备。

解决方案：

- 启动时左脚快速蹬地向右后方迈出去，右脚迅速并步跟上，尽可能在高点击球。
- 转身蹬地要狠、要迅速，快速完成蹬地和回中的动作。

（2）陪练的问题：

- 多球练习时节奏太快导致练习者不能找到合理的击球点。
- 没有及时发现练习者的错误动作、是否过度使用手腕等问题。
- 指挥步伐时，没有观察练习者步伐是否到位、握拍是否正确。
- 指挥步伐时有规律性，容易被练习者猜到，不能体现出练习者被动状态下的启动。

解决方案：

- 充分和练习者沟通，提醒练习者手上技术和步伐上存在的问题，敦促练习者在训练中改正。
- 合理休息，在练习中需要适当休息，以避免过度疲劳和受伤。
- 陪练者指挥时要与练习者保持适当距离，动作干脆、没有歧义。
- 观察练习者的动作是否符合要求，及时指出练习者的问题和不足。

（三）头顶后退步伐

准备时，在中场略微靠前的位置，双脚分开约与肩同宽，右脚稍微前于左脚，脚后跟稍微提起，降低重心。

迎球时，快速启动，右脚向左后方发力蹬出，髋部向右后方转动带动身体向右后方旋转至侧身，右脚移动至身体的左后方。如果来球是一个较为主动的球，可以向左后方做并步后退至球的左后方，主动击球。如果来球是一个较为被动的球，则先向左后方做一个快速的小垫步，之后快速蹬跨出去。

完成击球后，腿顺势迈到体前，之后交叉步回到中场。

图6-14　头顶后退步伐

1. 练习意义

发展学生的下肢力量，提高后场正手击球的主动性以及回中的稳定性。

2. 问题及解决方案

（1）练习者的问题：

- 击球时过度依赖手腕，不能稳定控制击球方向。

- 后退步伐不熟练，脚下乱，身体重心不稳，脚下碎步多。

- 启动慢，接不到球，不能快速出腿。

• 转体蹬地过慢，错过最佳击球位置，导致击球点不舒服，身体失去平衡。

• 击球后没有回中意识和做好下一拍的准备。

解决方案：

• 转体击球要朝向目标击打的方向，脚下和躯干要保持稳定。

• 脚下和手上击球保持节奏、连贯顺畅。

• 先尝试着将步伐"走熟练"，放慢速度，调整脚下的位置，让自己熟悉转体和转身的感觉，再进行练习，效果会更好。

• 步伐简洁，减少小碎步，注意步伐的小调整。

（2）陪练者的问题：

• 多球训练时，发球弧度太低，导致练习者容易用反拍击球。

• 单球训练时，喂球位置不合理、不稳定，导致练习者不能很好地控制击球点。

• 指挥动作距离练习者过远，使其不能观察到信号。

• 指挥步伐时有规律性，容易被练习者猜到，不能体现出练习者被动状态下的启动。

解决方案：

• 尽量在多球练习中将球的弧度抛高，使球更加稳定，便于练习者找击球点。

• 陪练者指挥时要与练习者保持适当的距离，动作干脆、没有歧义。

• 观察练习者的动作是否符合要求，及时指出问题和不足。

• 单球练习时，陪练者应减少自身失误，提醒练习者脚下步伐的合理性。

（四）反手后退步伐

准备时，在中场略微靠前的位置，双脚分开约与肩同宽，右脚稍微前于左脚，脚后跟稍微提起，降低重心。

若来球较远，快速启动，先向左后方做一个垫步，之后髋部带动身体向左后方转动至背部冲向球网。右脚随身体的转动经体前移动至左后方，挥拍击球，非持拍手向外伸使身体保持平衡。若来球较远，快速启动，左脚先向左后方蹬跨一步，之后髋部带动身体向左后方转动至背部冲向球网。右脚随身体的转动经体前移动至左后方，蹬跨一大步，挥拍击球，非持拍手向外伸

使身体保持平衡。

　　完成击球后，髋部带动身体向右前方转动，右脚由左后方迈至体前，并步回至中场。

图6-15　反手后退步伐

1. 练习目标

　　熟悉反手后退步伐的要点，体会羽毛球前脚掌移动、低重心移动的特点。能进行高球、吊球、杀球的处理。体会正确的后场击球位置以及出手的稳定性。

2. 练习意义

发展学生的下肢力量，提高后场反手击球的主动性、回中的稳定性。

3. 问题及解决方案

（1）练习者的问题：

- 击球时过度依赖手腕，不能稳定控制击球的方向。
- 后退步伐不熟练，脚下乱，身体重心不稳。
- 启动慢，接不到球，不能快速出腿。
- 转体蹬地过慢，错过最佳击球位置。
- 击球后不能回中和做好下一拍的准备。

解决方案：

- 启动时左脚向后让一步，让出空间后右脚跟上，身体背对球，在身体斜前方击球。
- 脚下到位和手上击球保持节奏，连贯顺畅。
- 击球时身体协调发力，从蹬地到大臂带动小臂，再到小臂带动手腕。

（2）陪练者的问题：

- 后退步伐练习时，未能结合网前技术练习，导致练习形式单一。
- 单球训练时，自身失误多，影响双方的练习效果。
- 指挥步伐时有规律性，容易被练习者猜到，不能体现出练习者被动状态下的启动。

解决方案：

- 指挥步伐使用球桶进行有节奏的指挥，便于练习者找到合适节奏和信号。
- 陪练者指挥时要与练习者保持适当的距离，动作干脆、没有歧义。
- 观察练习者的启动、蹬地动作，节奏是否合理，动作是否符合要求，及时指出问题和不足。
- 从简全难，循序渐进，练习时保持耐心，对练习者以鼓励为主。

二、后退步伐训练方式

（一）徒手两侧后退扔球训练

1. 分组

两人一组，一个人指挥，一个人练习，轮流进行训练。

2. 训练方式

练习者根据指挥者的指令，在中场做准备，在指挥者指令发出后再做步伐。在两后场边线各摆放 10 个球，共三组。指挥者的指挥是随机的，可以做假动作迷惑练习者，不存在规律。练习者最后一步要弓箭步做到位。

3. 训练目的

练习球员的步伐。

4. 问题及解决方案

（1）练习者的问题：

• 中场启动速度过慢。练习者脚下站死，脚后跟着地，导致不能快速启动，错过最佳击球点。

• 后场摸球后，转身回动慢。无论是正手过渡还是反手过渡，击球后总要转正身体，靠近场地中心，如果回动速度过慢，会导致下一拍击球连接不及时，造成再次被动。常见的球路是，推对方两底线，抓网前过渡。除了过渡的质量，击球者本身的回动速度也是挣扎能力的体现。

• 脚尖制动。后场的过渡和摆脱都是脚后跟先着地支撑身体做转体。练习者很多都是"脚尖刹车"，很容易受伤。

解决方案：

• 注意提醒练习者脚下灵活，后脚跟不要着地，随时保持启动状态。

• 很多时候，练习者本身脚踝足弓力量弱，导致提踵的能力弱，不能长时间保证脚下弹性。需要加强力量练习。常见练习有负重提踵、台阶提踵、负重跨步等。

• 练习者转身蹬地要狠、要快，这样才能提高转体回动的速度。

（2）陪练者的问题：

• 指挥节奏过快导致练习者不能做出对应动作。

• 指挥步伐时有规律性，容易被练习者猜到，不能体现出练习者被动状态下的启动。

解决方案：

• 指挥步伐时先慢后快，要求练习者在把步伐做到熟练到位的基础上，再提高速度。

• 陪练者指挥时要注意练习者的脚下移动步伐是否合理。

教学案例

表6-10　两边后退扔球训练课程实施方案

<table>
<tr><td rowspan="3">内容</td><td colspan="7">1. 正反手后退步伐练习</td></tr>
<tr><td colspan="7">2. 指挥－被指挥的合作式练习</td></tr>
<tr><td colspan="7">3. 扔球练习</td></tr>
<tr><td rowspan="5">教学目标</td><td colspan="7">1. 通过后退步伐练习，培养学生的学习兴趣和团队精神，促进学生的全面发展</td></tr>
<tr><td colspan="7">2. 使学生掌握一定熟练度的两边后场步伐，锻炼身体素质</td></tr>
<tr><td colspan="7">3. 发展学生的下肢灵活性、蹬地击球的稳定性</td></tr>
<tr><td colspan="7">4. 通过学习和练习，发展学生的模仿能力和协调能力</td></tr>
<tr><td colspan="7">5. 通过速度比赛，发展学生的竞争意识</td></tr>
<tr><td rowspan="2">过程</td><td rowspan="2">课程内容</td><td rowspan="2">教师活动</td><td rowspan="2">学生活动</td><td colspan="3">运动负荷</td></tr>
<tr><td>次数</td><td>时间</td><td>强度</td></tr>
<tr>
<td rowspan="2">准备部分
6 分钟</td>
<td>一、课堂常规
1. 集合整队
2. 师生问好
3. 宣布内容
4. 安排见习
二、准备活动
慢跑热身：操场400 米×3。
体育常规练习：准备活动，从头到脚</td>
<td>1. 集合整队
2. 师生问好
3. 宣布内容
4. 提出要求
5. 安排见习</td>
<td>1. 体育委员整队，向教师报告出勤人数
2. 学生三列横队，体操队形如下：
××××
××××
××××
▲
要求：
1. 快，静，齐
2. 认真听讲，精神饱满
3. 明确上课内容和要求</td>
<td>1</td><td>2</td><td>小</td>
</tr>
<tr><td>2</td><td>5</td><td>小</td></tr>
<tr>
<td>基本部分
30 分钟</td>
<td>演示与介绍。给学生介绍正反手两边后退步伐的要点：
第一，蹬地转体要快，快速向两边底线移动，要做到位。
第二，扔球的方向要控制好，尽可能朝着直线方向扔球</td>
<td>1. 宣布课堂内容
2. 讲解两边后退步伐练习的要点
3. 教师讲解口令指挥要求，带领同学回顾上节课各种步伐的名称、要点
4. 巡回指导，注意观察学生中的各种错误动作</td>
<td>1. 学生认真听教师讲解
2. 两两结对练习
3. 听教师口令进行练习
（1）三列横队成体操队形散开，队形如下：
××××
××××
××××
▲
（2）认真观看教师的动作示范</td>
<td>1</td><td>10</td><td>中</td>
</tr>
</table>

续表

过程	课程内容	教师活动	学生活动	运动负荷		
				次数	时间	强度
基本部分 30分钟	第三，扔球后转体蹬地要快，快速回中	5.鼓励移动速度比较慢的同学 6.将学生以列分成三个小组，组内进行练习 7.对小组展示进行评价	（3）同学之间相互练习，观察有无错误动作 （4）连贯练习，体会转身、跨步蹬地、制动、再转身的感觉。为组内练习做准备 （5）组内进行练习，相互帮助、纠正，并进行展示	3	4	强
设计意图	1.教学内容 练习者根据指挥者的指挥，在中场持球后退到两边底线，将球抛出，模拟被动击球。 训练要求：练习者在中场做准备，在指挥者指挥后再做步伐；在两后场边线各摆放10个球，共三组；指挥者的指挥是随机的，可以做假动作迷惑练习者，不存在规律性；练习者最后一步转体蹬地做到位，要狠。 2.教学组织形式 小组集中展示活动可以培养学生的责任感意识。鼓励学生积极寻找对方的优点和不足，可以培养学生的自主学习能力，养成独立思考的良好习惯。 通过布置课后作业，引导学生主动思考羽毛球运动的价值和作用，潜移默化地激发学生终身运动的意识，成为运动的传承者和守护者。 3.运动强度 通过准备活动到基本部分活动，学生达到中等至中上活动量					
结束部分	1.放松活动 2.课堂小结 3.归还器材，宣布下课	1.带领学生放松 2.点评学生的表现，具体到个人	1.按教师指导放松 2.认真听讲，反思学习表现 3.师生道别			
课程思政	从羽毛球运动课程思政的理论基础中，可以凝练出爱国主义精神、集体主义精神、科学探究精神、开拓创新精神、团结协作精神、拼搏奋进精神、社会道德规范、法治精神、遵规守规精神、突破自我精神、辩证唯物主义世界观、社会主义核心价值观等12个一级思政教育元素指标。体育教师应深入浅出，采用契合式、植入式、点睛式、案例式等不同的融合教学方式，将思政元素融入羽毛球课堂教学、课外羽毛球活动、课余羽毛球训练、羽毛球竞赛、校园羽毛球运动文化建设等教学环节，实现羽毛球运动课程思政教育的全覆盖。体育教师应采用讲授与讨论、启发与探究、训练与实践、竞赛与角色、体验与感知等方法，在高校羽毛球运动的教学内容、教学方法、活动规划、训练的组织与实施、竞赛的组织与保障、竞赛成绩、羽毛球精神文化建设等教学细节上融入思政元素，构建高校羽毛球运动课程的思政教育体系					

（二）两侧后退挥拍训练

1. 分组

两人一组，轮流进行训练。

2. 训练方法

指挥者在对面指挥练习者，练习者后退步伐要求后退至单双发球线之间区域再做动作，要求所有动作到位。20个球一组，共三组。

3. 训练目的

训练球员的步伐，训练球员寻找击球点。

4. 问题及解决方案

（1）练习者的问题：

• 退不到位。练习者练习时，步伐幅度小，击球后身体没有退到底线位置，没有覆盖到场地。

• 做转体挥拍时，不能很好地控制球拍的方向，挥拍时总会向某方偏。

解决方案：

• 在思想上要明确"宁肯多到，绝不少到"的原则，实战练习时，球有可能在场地的各个角落，没有积极的跑动精神和心理越会疲惫。

• 放置一些标志物在场地的底线边，引导提醒练习者后退到位。

• 原地分解动作练习，纠正挥拍拍面，正向击球。

（2）陪练者的问题：

• 指挥口号不清晰导致练习者不能及时做出对应方向的步伐。

• 没有及时发现练习者的错误动作。

• 指挥步伐时有规律性，容易被练习者猜到，不能体现出练习者被动状态下的启动。

解决方案：

• 指挥步伐时口号洪亮，可以使用麦克风等扩声设备。

• 陪练者指挥时要与练习者保持适当距离，动作干脆，没有歧义。

• 观察练习者的动作是否符合要求，及时指出问题和不足。

• 练习者步伐不到位时，陪练者要在第一时间提醒。

教学案例

表6-11　正手区与反手区后退步伐持拍训练课程实施方案

内容	1. 正反手后退步伐练习 2. 指挥 – 被指挥的合作式练习 3. 挥拍练习					
教学 目标	1. 通过两边后退到底线挥拍步伐练习，培养学生的学习兴趣和团队精神 2. 使学生掌握一定熟练度的两边步伐，锻炼身体素质 3. 发展学生的下肢灵活性，提高学生的启动速度 4. 通过学习和练习，发展学生的模仿能力和协调能力 5. 通过速度比赛，发展学生的竞争意识					

过程	课程内容	教师活动	学生活动	运动负荷		
				次数	时间	强度
准备 部分 6分钟	一、课堂常规 1. 集合整队 2. 师生问好 3. 宣布内容 4. 安排见习 二、准备活动 慢跑热身：操场 400米×3。 体育常规练习：准 备活动，从头到脚	1. 集合整队 2. 师生问好 3. 宣布内容 4. 提出要求 5. 安排见习	1. 体育委员整队，向教师报告出勤人数 2. 学生三列横队，体操队形如下： ×××× ×××× ×××× ▲ 要求： 1. 快，静，齐 2. 认真听讲，精神饱满 3. 明确上课内容和要求	1 2	2 5	小 小
基本 部分 30分钟	1. 演示与介绍 给学生介绍正反手后场训练的要点：第一，统一方向，均从正手位开始移动。第二，转身蹬地要狠，快速移动，移动到位后，击球之后快速回中准备下一拍	1. 宣布课堂内容 2. 讲解两边后退步伐练习的要点 3. 教师讲解口令指挥要求，带领学回顾上节课各种步伐的名称、要点 4. 巡回指导，注意观察学生中的各种错误动作 5. 鼓励移动速度比较慢的同学	1. 学生认真听教师讲解 2. 两两结对练习 3. 听教师口令进行练习 （1）三列横队成体操队形散开，队形如下： ×××× ×××× ×××× ▲ （2）认真观看教师的动作示范	1	10	中

续表

过程	课程内容	教师活动	学生活动	运动负荷		
				次数	时间	强度
基本部分 30分钟	2. 口令式指挥 　教师喊出"开始"，学生听从口令，做出挥拍动作，要求脚下动作迅速连贯	6. 将学生以列分成三个小组，组内进行练习 7. 对小组展示进行评价	（3）同学之间相互练习，观察有无错误动作 （4）连贯练习，体会转身、跨步蹬地、制动、再转身的感觉。为组内练习做准备 （5）组内进行练习，相互帮助、纠正，并进行展示	3	20	强
设计意图	1. 教学内容 　练习者持拍做后退步伐至单双发球线之间区域后模拟击球，之后回中。模拟后场主动击球场景。 2. 教学组织形式 　口令式指挥要求全体学生以整齐的队列，在老师的口令下统一活动，要求动作迅速，反应快。 　小组自由练习时，二人一组，到指定区域内练习，各组由组长指挥。创设群里活动的运动情景，运动情景可以促进学生相互了解。根据专项步伐，控制下肢的协调和速度素质。使学生能够主动探索，积极练习，发展肢体动作，培养团队精神。 3. 运动强度 　通过准备活动到基本部分活动，学生达到中等至中上活动量					
结束部分	1. 放松活动 2. 课堂小结 3. 归还器材，宣布下课	1. 带领学生放松 2. 点评学生的表现，具体到个人	1. 按教师指导放松 2. 认真听讲，反思学习 3. 师生道别			
课程思政	在授课过程中，主要在教学内容和教学途径两个方面开展课程思政教学。 　在教学内容上，本次课主要通过步伐＋挥拍组合练习有效提高学生的身体素质，因练习相对枯燥乏味，因此通过案例导入课堂的方法，引导学生认知、了解和体育相关的各行各业的优秀人物代表。促使学生主动对优秀代表人物的成功进行思考，又可以点出学生普遍忽视的体育锻炼的问题，加深学生对体育重要性的认识。将本节课素质练习内容与运动员体育经历结合在一起，不露痕迹地将学生带入体育锻炼的价值思考中，为后面课程思政的开展做好思想准备。 　在教学途径上，运用启发式教学法，通过优秀运动员照片启发学生思考，课堂中通过教师与学生进行讨论与互动的方法切入到体育经历的讲授，以榜样的力量引领学生成长，让学生感知健康的重要及体育的作用。鼓励学生遇到困难时要树信心，勤练习，克服生理疲劳和心理疲劳。在最后的总结性讲授中，在宏观背景下将健康的身体提升到爱国主义、时代担当的高度，进一步使学生树立起终身体育的意识					

（三）后退步伐多球训练

1. 分组

三至四人一组，由教练抛球进行练习。

2. 训练方式

练习者在中场作准备，教练发球，根据教练发球区域和主被动选择适合的步伐，移动击球。40个球为一组，共三组。教练发球要求无规律，可以利用假动作迷惑练习者。练习者即使接不到球，也要把步伐做到位。

3. 训练目的

模拟真实比赛，一方面进行步伐练习，另一方面练习后场击球技术。

4. 问题及解决方案

（1）练习者的问题：

• 过度回中。练习者在击球转体后，急于回中，甚至造成回中位置不合理，如果教练发一个重复落点的球，可能会造成练习者身体重心不能及时跟进。

• 转身慢。被动球往往需要练习者不断转身、击球，再转身。如果启动侧身击球，击球后转身回中慢，很容易造成抢点慢和下一拍衔接慢。

解决方案：

• 回中的缓急取决于自身击球质量的高低和对手站位的位置。很多时候步伐乱是因为手上没有准头，控制好过渡球的质量，回中才会更加从容。

• 转身快，启动快，回中慢。快速的回中并不一定能保证下一颗球能在合理的点位被抢到。一定要观察对手的节奏，做到"正合适"。就像优秀的汽车司机在道路行驶时，并不是急刹车急停急冲，而是会结合环境，该加速加速，该减速减速。一味急停急冲，很容易造成场上疲劳。

（2）陪练者的问题：

• 喂球弧度不够高，导致练习者很难打到最佳击球点。

• 喂球节奏过快或者过慢，导致练习者不能正确体会击球点。

解决方案：

• 发球时，小臂和手腕控制弧度和力度，保证喂球的线路稳定。

• 开始练习时，慢节奏，掌握正确的动作是练习的主要目的，所以不能一味图快，喂球速度要和练习者匹配。一般情况下，第一颗球扔完，练习者退到位，用眼神看喂球者时，就是陪练者扔下一颗球的时候。

• 练习者达到一定熟练度后，可以增加喂球的变化、力度、直线斜线等，增强练习者的实战能力。

教学案例

表6-12　正手区与反手区球训练课程实施方案

内容	1. 正反手后退多球练习 2. 指挥 – 被指挥的合作式练习					
教学目标	1. 通过上网摸球步伐练习，培养学生的学习兴趣和团队精神，促进学生的全面发展 2. 使学生掌握一定熟练度的两边步伐，锻炼身体素质 3. 发展学生的下肢灵活性、上网的稳定性 4. 通过学习和练习，发展学生的模仿能力和协调能力 5. 通过速度比赛，发展学生的竞争意识					

过程	课程内容	教师活动	学生活动	运动负荷		
				次数	时间	强度
准备部分 6分钟	一、课堂常规 1. 集合整队 2. 师生问好 3. 宣布内容 4. 安排见习 二、准备活动 慢跑热身：操场400米×3。 体育常规练习：准备活动，从头到脚	1. 集合整队 2. 师生问好 3. 宣布内容 4. 提出要求 5. 安排见习	1. 体育委员整队，向教师报告出勤人数 2. 学生三列横队，体操队形如下： ×××× ×××× ×××× ▲ 要求： 1. 快，静，齐 2. 认真听讲，精神饱满 3. 明确上课内容和要求	1 2	2 5	小 小
基本部分 30分钟	1. 演示与介绍 给学生介绍正反手后退要点：第一，统一方向，均从正手位开始移动。第二，转身移动要快，击球后蹬地要快，做好迅速回中动作	1. 宣布课堂内容 2. 讲解两边摸球练习的要点 3. 教师讲解口令指挥要求，带领同学回顾上节课各种步伐的名称、要点	1. 学生认真听教师讲解 2. 两两结对练习 3. 听教师口令进行练习 （1）三列横队成体操队形散开，队形如下： ×××× ×××× ×××× ▲	1	10	中强

过程	课程内容	教师活动	学生活动	运动负荷		
				次数	时间	强度
基本部分 30分钟	2. 口令式指挥 　教师喊出"开始"，学生听从口令，做出摸球动作，要求脚下动作迅速	4. 巡回指导，注意观察学生中的各种错误动作 　5. 鼓励移动速度比较慢的同学 　6. 将学生以列分成三个小组，组内进行练习 　7. 对小组展示进行评价	（2）认真观看教师的动作示范 　（3）同学之间相互练习，观察有无错误动作 　（4）连贯练习，体会转身、跨步蹬地、制动、再转身的感觉。为组内练习做准备 　（5）组内进行练习，相互帮助、纠正，并进行展示	3	4	
设计意图	1. 教学内容 　正手区与反手区练习是结合交叉步、跨步等运动的练习形式。要求快速启动，制动要稳，身体重心在跨步过程中保持稳定。 　2. 教学组织形式 　口令式指挥要求全体学生以整齐的队列，在老师的口令下统一活动，要求动作迅速，反应快。 　小组自由练习时，二人一组，在指定区域内练习，各组由组长指挥。创设运动情景，动作场景可以促进学生相互了解。根据专项步伐，控制下肢的协调和速度素质。使学生能够主动探索，积极练习，发展肢体动作，培养团队精神。 　3. 运动强度 　通过准备活动到基本部分活动，学生达到中等至中上活动量					
结束部分	1. 放松活动 2. 课堂小结 3. 归还器材，宣布下课	1. 带领学生放松 2. 点评学生的表现，具体到个人	1. 按教师指导放松 2. 认真听讲，反思学习表现 　3. 师生道别			
课程思政	1. 思政要素融入点 　激发爱国情怀，继承和发扬中国羽毛球球队的光荣传统。培养学生遵守规则、公平竞争的体育精神。 　2. 育人目标 　将羽毛球运动所蕴含的优秀德育资源转化为立德树人的实际力量，激发学生的爱国意识、公平意识与拼搏精神。 　在羽毛球专项课的教学中，普及体育运动的教育功能，以"健康第一"为指导思想，以实施素质教育为宗旨；以学生为主体，充分利用情境教学、个性教学、体育游戏等多种教学方法，始终坚持以学生为本，注重激发学生的运动兴趣，发挥学生的主体作用，培养学生的自主训练能力，体验健康、自由和快乐。 　体育锻炼增进了人与人的交流，在竞赛中培养竞争意识，在合作中培养团队精神，共同促进不断提高。大学体育不仅是在校期间的阶段性教育，还肩负着培养学生"终身体育"的任务。在日常教学中，多采用教学比赛、体育游戏等组织形式，在激发学生超越自我、勇于拼搏的同时，培养公平竞争、崇尚荣誉、勇于面对挫折的个人能力					

三、步伐移动中应注意的几个问题

（一）站位

选择适当的站位，以便缩短移动距离迎击来球。单打中，由于初学者后场反击能力较差，一般战术上都采用攻后场为主，因此初学者的站位应稍偏后场。站位还与击出球的方向有关。例如：击到对手右场的高远球，球员应站在偏左的场区，以防备对手的直线杀球；击到对手左场的高远球，则球员应站在稍偏右的场区，重点防备对手进攻直线球。但若对手打对角线球路，因其路线较直线长，球员来得及移动过去接球。

（二）起动和回动

起动快才能迅速移动到位，争得较高的击球点。要想做到这一点，球员必须注意在任何时候两膝都要保持微屈，要有一只脚后跟稍提起，身体重心移向前脚掌，以便随时起动。在对方击球的一刹那，要有一个预动调整，作为起动的前奏，这种预动调整可以是重心的起伏转移和两脚的微动，起到以动促动的作用。

回动就是为回场地中心位置做好准备。要想回动快，在击球的同时，必须保持身体平衡，失去平衡则不利于立即回动。击球时双脚间距不能过大，过大会重心过低，给迅速回动造成困难。因此，在上网步伐中，蹬跨步后，前脚要制动，后脚要跟进一小步；在后退步伐中，击球时后脚要顶住重心的后移，击球后随着重心的前移立即回动。在后退起跳腾空一击后，要充分利用收腹动作，使身体前倾，同时后脚的后摆要大。落地时落在重心之后，使落地动作即为回动的开始。

（三）争取较高的击球点

采用蹬跨步与蹬跳步对于争取较高的击球点有重要意义。蹬跨步以后脚掌内侧后蹬，前脚前蹬，可以加快上网速度和加大移动距离。蹬跳步可以起跳腾空击球，取得最高击球点，加快场上速度，提高后场进攻的威胁。

（四）调整步伐

步伐是有一定规律性的，掌握了这个规律，在场上就会显得轻松自如。但来球的落点是千变万化的，步伐还要随机应变，灵活调整。这种调整并不破坏步伐的规律性，而是使步伐更加灵活。

大学生羽毛球运动
理论与实践

教学案例

表6-13　正反手接杀训练课程实施方案

内容	1. 正反手上网摸球步伐练习 2. 指挥 – 被指挥的合作式练习					
教学 目标	1. 学生通过本堂课的学习，能够掌握羽毛球接杀步伐的基本技巧，并能够在实战中灵活运用 2. 使学生掌握一定熟练度的两边步伐，锻炼身体素质 3. 发展学生的下肢灵活性、上网的稳定性 4. 通过学习和练习，发展学生的模仿能力和协调能力 5. 通过速度比赛，发展学生的竞争意识					
过程	课程内容	教师活动	学生活动	运动负荷		
				次数	时间	强度
准备 部分 6分钟	一、课堂常规 1. 集合整队 2. 师生问好 3. 宣布内容 4. 安排见习 二、准备活动 慢跑热身：操场400米×3。 体育常规练习：准备活动，从头到脚	1. 集合整队 2. 师生问好 3. 宣布内容 4. 提出要求 5. 安排见习	1. 体育委员整队，向教师报告出勤人数 2. 学生三列横队，体操队形如下： ×××× ×××× ×××× ▲ 要求： 1. 快，静，齐 2. 认真听讲，精神饱满 3. 明确上课内容和要求	1 2	2 5	小 小
基本 部分 30分钟	1. 演示与介绍 给学生介绍正反手接杀训练的要点：第一，统一方向，均从正手位开始移动。第二，最后一步跨步要到位，不要仅仅用手去够球，脚下步伐要跨开。上网步伐蹬地时，制动需要脚后跟抬起	1. 宣布课堂内容 2. 讲解两边摸球练习的要点。 3. 教师讲解口令指挥要求，带领同学回顾上节课各种步伐的名称、要点。 4. 巡回指导，注意观察学生中的各种错误动作	1. 学生认真听教师讲解 2. 两两结对练习 3. 听教师口令进行练习 （1）三列横队成体操队形散开，队形如下： ×××× ×××× ×××× ▲ （2）认真观看教师的动作示范	1	10	中强

续表

过程	课程内容	教师活动	学生活动	运动负荷		
				次数	时间	强度
基本部分 30分钟	2. 口令式指挥 　　教师喊出"开始"，学生听从口令，做出摸球动作，要求脚下动作迅速	5. 鼓励移动速度比较慢的同学 6. 将学生以列分成三个小组，组内进行练习 7. 对小组展示进行评价	（3）同学之间相互练习，观察有无错误动作 （4）连贯练习，体会转身、跨步蹬地、制动、再转身的感觉。为组内练习做准备 （5）组内进行练习，相互帮助、纠正，并进行展示	3	4	
设计意图	教学内容 1. 教师引导学生回顾本堂课所学内容，强化记忆 　　教师提出问题：接杀时应该先动腿还是先将拍子伸出去，为什么？正手接杀先迈哪条腿，反手接杀先迈哪条腿？有没有特殊情况？ 　　具体举例：反手接杀时，当球离身体很近，只需要迈出左腿，伸拍接球即可；当球较远时就需要转身跨步接球。学生此刻明白：反拍接杀的脚下动作，和来球与自己的相对距离有关。 　　扩展提问：当杀球是杀向自身而不是边线时，该如何准备？怎么握拍？此时问题已经扩展到教学知识外的问题情境，简略问答，留给学生思考即可。 　　扩展提问：如何化被动为主动？如何在被动之后创造进攻的机会？创造机会之后如何考虑组织突击和进攻？接杀之后，最合理的反击方式是什么？ 　　首先，在比赛中，我们需要根据对手的发球和回球情况来判断何时进攻。如果对手的回球不到位，那么这是一个很好的进攻机会。此时，我们可以利用迅速的后场两边突击步伐，尽可能地接近边线，以快速准确的方式将球打入对手的防守区域之外。 　　对于后场接杀后两边突击步伐的能力，我们需要注意如何组织球路。这意味着我们需要学会如何对待对手的不同类型的回球。例如，如果对手回球的方向是我们的左侧，就需要采取左脚先落地的步伐，使自己能够快速地向左移动。此外，我们还需要注意回球的高度和力量，根据其轨迹和速度调整自己的步伐和击球方式。 　　提醒学生一些常见的易错点和注意事项。常见的错误包括：不充分准备好身体，不能快速转换方向，过早的启动等。因此，我们需要在训练中需要注重细节，例如正确的脚步技巧、身体平衡和灵活性，以及对球路的预判能力。同时，我们需要在训练中模拟各种情况，例如对手的回球角度和速度的变化，以提高我们的应变能力和反应速度。 　　2. 运动强度 通过准备活动到基本部分活动，学生达到中等至中上活动量					
结束部分	1. 放松活动 2. 课堂小结 3. 归还器材，宣布下课	1. 带领学生放松 2. 点评学生的表现，具体到个人	1. 按教师指导放松 2. 认真听讲，反思学习表现 3. 师生道别			
课程思政	教师可以通过观察学生在练习场上的表现来了解他们是否掌握了所学知识和技能；也可以通过观察学生在小组对抗中的表现，了解他们是否能够在实战中运用所学技巧；在课程结束后，可以采取问答、测试等方式对学生进行考核，检验他们的掌握情况					

问题与思考

1. 羽毛球的上网步伐如何分类，它们有什么区别？

2. 跨步上网时为什么要脚后跟先着地？

3. 接杀步伐有哪些要点？

4. 从步伐和握拍的角度看突击步伐分别有几种，它们各自有哪些要点？

5. 基本步伐有几种？

第七章 羽毛球技战术的训练、运用与运动心理健康

第一节 羽毛球单打比赛规则

一、掷币

比赛开始前，要进行掷币，胜出一方可以选择以下两项之一，负的一方选择另一项：

先发球或者先接球。

选择某一方球场开始比赛。

二、记分

每场比赛采取三局两胜制，率先得到 21 分的一方赢得当局比赛。

如果双方比分打成 20 比 20，获胜一方需超过对手二分才算取胜。

如果双方比分打成 29 比 29，则率先得到第 30 分的一方取胜。

当局获胜一方在接下来的比赛局中率先发球。

当一方在比赛中得到 11 分后，双方队员将休息一分钟。两局比赛之间的休息时间为二分钟。

三、发球

发球时任何一方都不允许非法延误发球，在发球方的球拍拍头后向移动

完成后，任何对发球开始的拖延，都可以被视为故意拖延。

发球员和接发球员都必须站在斜对角发球区内发球和接发球，脚不能触及发球区的界线，两脚必须都有一部分与地面接触，不得移动，直至将球发出。

发球员的球拍必须先击中球托，与此同时整个球要低于发球员的腰部。

击球瞬间，球拍杆应指向上方，从而使整个排头明显低于发球员的整个握拍手部。

发球开始后，发球员的球拍必须连续向前挥动，直至将球发出。

发出的球必须向上飞行过网，如果不受拦截，应落入接发球员的发球区内。

一旦双方运动员站好位置，发球员的球拍头第一次向前挥动即为发球开始。

发球员必须在接发球员准备好后才能发球，如果接发球员已试图接发球则被认为已经做好准备。

一旦发球开始，球被发球员的球拍触及落地即为发球结束。

四、发球与接发球区

发球员的分数为 0 或双数时，双方运动员均应在各自的右发球区发球或接发球。

发球员的分数为单数时，双方运动员均应在各自的左发球区发球或接发球。

如"再赛"，发球员应以该局的总得分来站位。

球发出后，由发球员和接发球员交替对击直至违例或死球。

接发球员违例或因球触及接发球员场区内的地面而成死球，发球员得一分，随后，发球员再从另一发球区发球。

发球员违例或因球触及发球员场区内的地面而成死球，发球员即失去发球权，随后，接发球员成为发球员，双方均不得分。

五、重发球

由裁判宣判"重发球"，用于中断比赛。

遇不能预见或意外的情况，应重发球。

除发球外，球过网后挂在网上或停在网顶，应重发球。

发球时，发球员和接发球员同时违例，应重发球。

发球员在接发球员未做好准备时发球，应重发球。

比赛进行中，球托与球的其他部分完全分离，应重发球。

司线员未看清球最终落点，裁判员也不能做出决定时，应重发球；重发球时，如果最后一次发球无效，则原发球员重新发球。

六、死球

下列情况为死球：

- 球撞网并挂在网上，或停在网顶。
- 球撞网或网柱后开始在击球者这一方落向地面。
- 球触及地面。
- "违例"或"重发球"已被宣报。

第二节　羽毛球单打接发球技术与训练方法

一、高远球

高远球是指将球发射到对手后场的一种技术。在羽毛球比赛中，高远球是一项非常重要的技术，可以帮助球员在比赛中控制比赛节奏，同时制造更多的得分机会。

高远球通常是在场地后方的位置进行的，球员将球拍向上举起，然后在球高点时用力挥拍，将球尽可能高地发射到对手后场。高远球需要球员具备一定的力量和控制力，同时需要具备较高的精准度，以便将球尽可能高地发射到对手后场边缘的位置，减少对手的回击机会。

高远球可以分为正手击高远球、反手击高远球、头顶击高远球等。

（一）高远球技术要点

1. 正手击高远球

（1）要判断好来球的方向和落点，侧身后退，使球处在自己的右肩稍向

前上方的位置。左肩对网，左脚在前，右脚在后，重心在右脚上。左肩屈肘，左手自然高举，右手持拍，手臂自然弯曲，将球拍举在右肩上方，两眼注视来球。

（2）引拍时，右上肩后引，随之肘关节上提明显高于肩部，将球拍引至身后，自然伸腕。

（3）脚蹬地，在转体收腹的协调用力下，以肘为轴，以肩为支撑点，前臂快速向前上方甩腕，在手臂伸直的最高点击球，左手降至体侧。

（4）击球后，持拍手臂顺惯性往前左下方挥动并收拍至体前，与此同时，左脚后撤，右脚向前迈出，身体重心由后脚移到前脚上。

图7-1　正手击高远球

2. 反手击高远球

（1）准备动作与引拍动作。当对手击来反侧球，已方采用反手回击高远球时，应迅速将身体转向左后方，右脚向左脚并一步，然后左脚向后迈一步，紧接着右脚向左前跨一大步即到位。此时，身体背对球网，身体重心在右脚上，步伐移动到位时，球在右肩上方。步伐移动中要立即由正手握拍转换成反手握拍，上臂平举屈肘，使前臂平放于胸前，球拍放至左胸前，拍面朝上，完成引拍动作。

（2）挥拍击球动作要领。上臂迅速向上摆，前臂快速向右斜上方摆，手腕迅速回环伸展，拇指顶压拍柄，使之产生爆发力，以正拍面击球托后下部，身体重心从右脚转至左脚，并迅速转体回动。

（3）随前动作要领。击球后，身体随重心的转移回动成正面对网。前臂内旋，使球拍恢复至正常位置，同时恢复正手握拍。

图 7-2　反手击高远球

3.头顶击高远球

（1）准备、引拍、挥拍击球动作要领。与上手正手击高远球的动作要领基本一致，不同的是做准备动作时侧身稍向左后仰，击球点在左肩或头顶左后上方。击球时上臂带动前臂，挥拍使球拍绕过头顶，从左上方加速挥动击球，而且前臂的内旋动作更明显。左脚后蹬幅度较大，收腹动作较明显，以利于更快地回动。

（2）随前动作要领。由于击球时前臂内旋比较明显，故惯性较大。球拍减速的方向是右前下方，最后回收、回动。

图7-3　头顶击高远球

（二）高远球训练方法

练习方法 1：采取单人多球训练法，在场地一侧进行准备，另一侧运动员发高远球进行击打，可以互相进行定点定量练习。

练习要求：发球员发球尽量质量较高、弧度较高，给练习者足够的空间和时间进行击打。练习者击球动作规范标准。

训练目的：通过多球练习方式提高击球过程中的动作稳定性，同时可以练习发球员的基本技术。

练习方法 2：采取双人单球训练法，由一方发球后，双方进行高远球的对拉练习直至死球。

练习要求：建议在单人多球训练法效果较好的情况下采取此练习方法。在练习过程中，发球员尽量把球发到底线附近后迅速后退至本方底线，准备迎球击打。在击打过程中要求双方尽量做到全力击打，保持固定拍面，可以进行直线高远球、斜线高远球和一点打两点训练。

训练目的：通过单球训练法提升练习者在移动过程中高远球的质量和稳定性，体会动作的连贯性和发力，让练习者更好地处理对面来球。此训练偏实战意义。

二、平高球

平高球通过平直地打出一记高弧线球来使羽毛球过网并落在对手场地内。与其他更具攻击性的技术相比，平高球的优点在于其可靠性和精度，因为它通常较难让对手反击。与高远球的不同之处在于，平高球的高度弧度都较低。平高球击球的技术要点与高远球类似，只是在击球的一刹那，手腕向前使劲而不是向前上方使劲。平高球的训练方法同高远球。

三、吊球

吊球是一种羽毛球基本技术，它是将球轻轻地向上打出，在球顶点处形成高弧线，让球以柔和的方式落在对手场地的前场。吊球通常被用于控制比赛的节奏，或在对手失误时赢得分数。吊球可以使用正手或反手，手臂需要保持柔软，并在击球时轻轻地向内旋转，以使球的方向更加准确。击球点通常在头顶以上的位置，以便更容易观察对手的球路。同时，需要控制好力度，

图7-4　平高球

避免球过重或过轻导致失误。吊球一般分为快吊（劈吊）、慢吊、滑板吊球三种。

（一）快吊（劈吊）

技术要点：准备，引拍，击球，随前动作与击高远球的动作要领基本一致，只是在击球瞬间改变拍面的运行角度。若劈吊斜线球，则球拍切削球托的右侧，并向左下方发力；若劈吊直线球，则拍面正对前方，向前下方切削。

练习方法1：采取单人多球训练法，在场地后场底线一侧准备击球，另一侧运动员发平高球后，进行劈吊练习，在发球员的本方场地上发球线附近设置相应区域进行练习，可以互相进行定点定量练习。

图7-5　吊球

　　练习要求：发球员发球尽量质量较高、弧度较高，给练习者足够的空间和时间进行劈吊。练习者击球动作规范标准。

　　练习目的：通过多球练习方式提高击球过程中技术动作的稳定性，慢慢掌握劈吊的发力和拍面。

　　练习方法2：采取双人单球训练法，由一方发球后，双方进行一吊一挑的对练练习直至死球。

　　练习要求：建议在单人多球训练法效果较好的情况下采取此练习方法。在对练的过程中，陪练者需要有较好的挑球基本技术，可以有效地把球挑到底线附近，保持击球落点位置的稳定性和质量。

练习目的：通过单球练习方法来找到最好的击球节奏，体验在偏实战的情况下如何处理劈吊技术，把握劈吊技术的力量、角度和落点位置。

（二）慢吊

技术要点：准备，引拍，击球，随前动作与击高远球的动作要领基本一致，只是在击球瞬间改变拍面的运行角度。若劈吊斜线球，则球拍切削球托的右侧，并向左下方发力，切击的力量比快吊轻；若劈吊直线球，则拍面正对前方，向前下方切削。

练习方法1：采取单人多球训练法，在场地后场底线一侧准备击球，另一侧运动员发高远球后，进行收吊练习。在发球员的本方场地上发球线与球网之间设置相应区域后可以进行定点定量互相练习。

练习要求：发球员发球尽量高度较高、弧度较高，给练习者足够的挥拍空间和时间进行收吊练习。练习者击球动作规范标准。

练习目的：通过多球练习方式提高击球过程中技术动作的稳定性，慢慢掌握收吊球的发力和击球点，提高固定练习中的击球动作。

练习方法2：采取双人单球训练法，由一方发球后，双方进行一个收吊一个挑球的对练练习直至死球。

练习要求：建议在单人多球训练法效果较好的情况下采取此练习方法。在对练的过程中，陪练者需要有较好的挑球基本技术，弧度一定要偏高，可以有效地把球挑到底线附近，保持击球落点位置的稳定性和质量。练习者要保持动作的稳定和收力。还要特别注意收吊球的力度和击球点。

练习目的：通过单球练习方式来找到好的击球位置和节奏，体验在偏对抗的情况下，如何处理收吊技术，把握收吊球技术的力量、角度和落点位置，有效控制收吊球拍面的一致性和对每个球的收吊力量的把控。

（三）滑板吊球

前期准备工作和引拍与头顶击高远球一样，只是击球时采取由右向左抹击球托的方法。整个过程握拍放松，小臂由外旋至内旋，手腕由外展至内收。如果抹击球托后侧并且角度小一些，可以吊直线；如果抹击左后侧并且角度大一些，则可以吊对角线。

练习方法1：采取单人多球训练法，在场地后场底线一侧准备击球，另一侧运动员发平高球后，进行滑板练习，在发球员的本方场地上发球线附近设置相应区域后可以进行定点定量互相练习。

练习要求：发球员发球尽量质量较高、弧度较高，给练习者足够的空间和时间进行滑板练习。练习者击球动作规范标准。

练习目的：通过多球练习方式提高击球过程中技术动作的稳定性，慢慢掌握滑板吊球的发力和拍面，提高固定定点中的击球动作。

练习方法2：采取双人单球训练法，由一方发球后，双方进行一个滑板吊一个挑的对练练习直至死球。

练习要求：建议在单人多球训练法效果较好的情况下采取此练习方法。在对练的过程中，陪练者需要有较好的挑球基本技术，可以有效地把球挑到底线附近，保持击球落点位置的稳定性和质量。练习者要保持动作的稳定和发力，还要特别注意滑板吊球的拍面。

练习目的：通过单球练习方式来找到好的击球节奏，体验在偏实战的情况下如何处理滑板技术，把握滑板吊球技术的力量、角度和落点位置，提高控制滑板吊球拍面的一致性。

四、杀球

杀球是一种攻击性技术，通常被用于在对手落地之前迅速结束比赛，赢得分数。杀球的目的是将球打得快速、平直并越过对手，使对手无法反击。杀球可以使用正手或反手，手臂需要保持紧张并且迅速地挥拍。击球时，需要使用相对较大的力量，同时确保球的方向和高度，以便让球越过对手并落在对手的后场。杀球是一项高难度的技术，需要结合技巧和速度。只有不断地练习和磨炼技巧，并了解对手的习惯和反应，才能在比赛中有效地使用这项技术。杀球可以分为点杀、劈杀、重杀三种。

（一）点杀

相较于重杀和劈杀，点杀的动作小，闪腕快，击球快速，突变性强，带有突袭性质，让人措手不及，更具威胁性。点杀在单打中经常被使用，是一个重要的过渡和进攻手段。击球者主要利用前臂、手腕、手指的力量，在尽可能高的击球点上，快速突然地把球向下扣压。

技术要点：准备，引拍，击球，随前动作与击高远球的动作要领基本一致，不同之处在于击球点在右肩稍前上方，在击球瞬间下压手腕，用前臂、

手腕、手指的力量击球，使球快速飞往对手中后半场。

（二）劈杀

劈杀和劈吊类似，但劈杀的击球速度更快、击球力量更大。劈杀的主要动作要领在于拍面，拍面角度的控制需要多加练习，才能掌握好。击球瞬间整个手臂的力量需要传递到手腕上，最终击出的球靠的是手腕的力量，所以说手腕的力量是需要锻炼的。

技术要点：准备，引拍，击球，随前动作与击高远球的动作要领基本一致，不同之处在于击球点在右肩稍前上方，在击球瞬间下压手腕，劈杀的压手腕没有点杀那么重，用前臂、手腕、手指的力量击球，用球拍向左切羽毛球的后半部分。击球时大臂带动小臂挥动，劈杀时球拍与球要有一定的角度，劈杀一般是杀斜线，快速大角度的飞行，可以破坏对手的防守节奏，让对手处于被动防守。

（三）重杀

重杀是一种常用的攻击性技术，目的是使球飞速向下，难以被对手防守或回球。重杀球时，球员会快速摆动球拍，以产生高速的击球最大力量，并使球以较陡峭的角度向下击打，使对手难以反击。重杀球通常用于攻击对手的弱点或制造机会得分，但也需要一定的技巧和准确性才能成功执行。

1. 技术要点

（1）准备动作与高远球一致，但击球点在右肩稍前上方。

（2）引拍，起跳，身体后仰使身体呈弓形，如箭在弦上，球拍充分向后倒。

（3）整个手臂像甩鞭子一样，拍头就是鞭梢，手指在击球的一瞬间握紧发力，击球点在正手偏前方，手臂内旋，全身协调用力，加上转腰的力量，迅速挥拍，下压（杀球），使球快速向下飞向对手中后半场。

（4）随前动作，右脚已经交换到前方，为回中做准备。

2. 练习方法

可以采取单人多球训练法，在场地后场底线一侧进行准备击球，另一侧运动员发高远球后，进行重杀球练习，在发球员的本方场地上设置相应落点区域后可以互相进行定点定量练习。

3. 练习要求

发球员发球尽量高度较高、弧度较高，给练习者足够的挥拍空间和时间进行杀球练习。要求练习者击球动作规范标准、发力要足。

4. 练习目的

通过多球练习方式提高击球过程中技术动作的稳定性，慢慢掌握杀球的发力和找到杀球的击球点，提高固定练习中的击球动作。

第三节　羽毛球前场技术及训练方法

一、网前搓球

搓球是一种技术性较强的技术。在羽毛球比赛中，球员使用这种技术可以改变球的旋转和方向，从而制造出对手难以预测的球路。球员使用搓球技术时，将球拍的拍面稍微倾斜，在球拍与球的接触点产生侧向的摩擦力，从而改变球的旋转方向。这种技术通常用于给对手制造失误或打出令人意想不到的球路，球员需要具备较强的手腕力和技巧。在使用搓球技术时，球员需要注意控制球拍的力度和角度，以确保球的方向和旋转符合自己的预期。

搓球可以分为正手搓球、反手搓球两种。正手搓球是在球员的正手区搓球，反手搓球则是在球员的反手区搓球。

（一）正手搓球

正手搓球技术要点：

（1）准备动作。判断来球的方向、高度、弧度，运用正手上网步伐上网选好击球位置。

（2）引拍。上网的同时，持拍手将球拍前伸迎球，小臂稍外旋，手腕由后伸引拍，持拍手几乎与网同高，拍头略低于手腕，另一只手拉举于体后侧，与持拍手保持平衡。

（3）击球。前臂外旋带动手腕由展腕至内收，食指和大拇指捻动球拍，其他手指轻握拍柄，用拍面从右至左切击来球的右下部，使球旋转滚过网，称为"收搓"。前臂内旋带动手腕由内收至展腕，用拍面由左至右切击球的左

下部，使球旋转滚过网，称为"展搓"。

（4）击球后，退步回中场。

图7-6　正手搓球

（二）反手搓球

反手搓球技术要点：

（1）准备动作。判断来球的方向、高度、弧度，运用反手上网步伐上网选好击球位置。

（2）引拍。上网的同时，持拍手将球拍前伸迎球，小臂稍外旋，手腕由后伸引拍，持拍手几乎与网同高，拍头略低于手腕，另一只手拉举于体后侧，与持拍手保持平衡

（3）击球。前臂外旋带动手腕由展腕至内收，食指和大拇指捻动球拍，其他手指轻握拍柄，用拍面从左至右切击来球的右下部，使球旋转滚过网，称为"收搓"。前臂内旋带动手腕由内收至展腕，用拍面由右至左切击球的左下部，使球旋转滚过网，称为"展搓"。

（4）击球后，退步回中场。

（三）搓球训练方法

练习方法1：采取单人多球训练法，陪练者可以向练习者网前进行手抛球（或使用发球机练习定点定速自动抛球）进行搓球练习。

图 7-7　反手搓球

练习要求：在练习的过程中，陪练者（发球机）找到相应击球点进行稳定抛球，练习者动作要规范且保持一致性，等击球球落地后，再进行第二次抛球，以便练习者掌握基本技术要领。

练习目的：通过多球练习方式提高击球过程中技术动作的稳定性，逐渐掌握搓球要领和搓球方法，熟练掌握练习者和球网的距离、练习者与球之间的距离，掌握搓球的高度和力度。

练习方法 2：采取双人或多人进行单球隔网对搓训练法。

练习要求：以前发球线为底线，两位练习者可以在网前互相进行搓球练习，在练习过程中不能扑球和发力，不能使用其他技术。

练习目的：通过对搓练习提高对抗中搓球的力量和球感，提高出球的质量，在提高练习者技术动作的基础上提高运动心理素质。

练习方法 3：采取双人或多人进行单球隔网对搓训练法。

练习要求：以前发球线为底线，两位练习者可以在网前互相进行搓球练习，在练习过程中不能扑球和发力，不能使用其他技术。

练习目的：通过对搓练习提高对抗中搓球的力量和球感，提高出球的质量，在提高练习者技术动作的基础上提高运动心理素质。

二、网前推球

推球是一种基本技术，也是比赛中最常用的技术之一。推球是一种较为安全和稳定的技术，可以让球员将球控制在对手的后场，从而占据比赛的主动权。推球动作是将球拍的拍面对准球，然后用力推球，使球以较低的弧线飞向对手的后场。推球技术需要球员具备一定的手腕力和技巧，同时需要注意控制球的力度和角度，以确保球的方向和高度符合自己的预期。

在比赛中，球员可以使用正手推球和反手推球两种不同的推球技术。

（一）正手推球

正手推球技术要点：

（1）准备动作。判断来球的方向、高度和弧度，运用正手上网步伐上网选好击球位置。

（2）引拍。前臂随步伐伸上右前方，并外旋，手腕稍后伸，球拍随之往后下摆，使拍面正对来球。

（3）击球时，前臂内旋，手腕由后伸至伸直闪动，并运用食指的推压力量使球过网以低弧度飞行。若击球时拍面正对球网，则是推直线；若由右向左挥拍击球，则是推对角。

（4）击球后，退回中场。

图7-8　正手推球

（二）反手推球

反手推球技术要点：

（1）准备动作。判断来球的方向、高度和弧度，运用反手上网步伐上网，选好击球位置。

（2）引拍。前臂随步伐伸上左前方，并向左胸前收引，肘关节微屈，手腕外展，手心向下使反拍面正对来球。

（3）击球时，前臂稍外旋，手腕由外展至伸直闪动，中指、无名指、小指握紧拍柄，拇指顶压。若推击球的后部，使球沿直线以较低的抛物线飞向对手后底线，则是推直线；若推击球的左侧后部，使球朝对角线方向飞行，则是推对角。

（4）击球后，退回中场。

图7-9　反手推球

（三）网前推球训练方法

练习方法1：采取单人多球训练法，陪练者可以向练习者网前进行手抛球（或使用发球机练习定点定速自动抛球）。

练习要求：在练习过程中，陪练者（发球机）找到相应击球点进行稳定抛球，相比搓球的抛球位置较后、弧度较平，练习者动作要规范且保持一致性，等击球、球落地后，再进行第二次抛球，以便练习者掌握基本技术要领。

练习目的：通过多球练习方式提高击球过程中技术动作的稳定性，逐渐掌握推球要领和推球方法，熟练掌握练习者和球网的距离、练习者与球之间的距离，掌握推球的高度和力度。

练习方法 2：采取双人单球训练法，通过练习者的推球陪练者可以在中后场进行过渡网前训练。

练习要求：在练习的过程中，练习者要保持动作、力量的稳定性和一致性，陪练者在处理过渡球时要控制出手力量和高度，尽量过网较平，使练习者更好地进行推球练习。

练习目的：通过双人单球推球过渡练习，掌握发力和空间位置感，找到对抗过程中的出手处理办法。

三、网前勾球

勾球是一种技术性较强的进攻技术。在羽毛球比赛中，球员使用这种技术可以改变球的方向和轨迹，从而制造出对手难以防守的球路。这种技术通常用于给对手制造失误或打出令人意想不到的球路。

在使用勾球技术时，球员需要注意控制球拍的力度和角度，以确保球的方向和轨迹符合自己的预期。同时，球员还需要在比赛中灵活运用这种技术，根据对手的反应来调整自己的战术。勾球可分为正手勾球和反手勾球两种。

（一）正手勾球

正手勾球技术要点：

（1）准备动作。正手勾球与正手搓球准备动作基本一致。

（2）引拍。正手勾球与正手搓球的动作相同。

（3）挥拍击球。击球瞬间，前臂稍向内旋，并向左拉收，手腕由后伸至内收，闪腕，挥拍拨击球托的右侧下部，使球朝对角线网前飞行。

（4）击球后回中。

（二）反手勾球

反手勾球技术要点：

（1）准备动作。反手勾球与反手搓球准备动作基本一致。

（2）引拍。反手勾球与正手搓球的动作相同。

图7-10　正手勾球

（3）挥拍击球。击球瞬间，前臂稍向外旋，并向右拉收，手腕由前伸至内收，闪腕，挥拍拨击球托的左侧下部，使球朝对角线网前飞行。

（4）击球后回中。

图7-11　反手勾球

（三）网前勾球训练方法

练习方法1：采取单人多球训练法，陪练者可以向练习者网前进行手抛

球（或使用发球机练习定点定速自动抛球）。

练习要求：在练习的过程中，陪练者（发球机）找到相应击球点进行稳定抛球，相比搓球和推球的抛球位置较近、弧度较高，练习者动作要规范且保持一致性，等击球球落地后，观察落点，再进行第二次抛球，以便练习者掌握基本技术要领。

练习目的：通过多球练习方式提高击球过程中技术动作的准确性和稳定性，逐渐掌握勾球要领和勾球方法，熟练掌握练习者和球网的距离、练习者与球的距离，掌握勾球的高度和力度。

练习方法2：采取双人单球隔网对勾训练法。

练习要求：前发球线为底线，两位练习者可以在网前进行互相勾球练习，在练习过程中要控制发力和拍面，不能使用其他网前技术。

练习目的：通过对勾练习提高对抗中勾球的力量和空间感，提高、巩固出手的位置和把握出球的质量，在提高练习者技术动作的基础上提高运动心理素质。

第四节　羽毛球单打战术与训练方法

一、进攻

在羽毛球比赛中，可以重复使用某一个进攻技术或者连续使用不同的进攻技术，使对手回球失误或影响对手的回球质量，进而抓住机会得分。后场进攻技术包括平高球、吊球、杀球，前场进攻技术包括搓球、推球、勾球。可以利用连续平高球使对手回球失误或回球不到位进而得分，利用连续吊球、快吊慢吊相结合的战术来应对上网步伐不熟练的对手，运用点杀重杀来应对防守能力弱的对手，运用重复搓球技术应对运用重复落点战术的对手。运用推球来应对前后跑动能力差的对手。

练习方法1：采取单人多球战术组合练习法，通过陪练者（发球机）进行多球战术组合练习。

练习要求：根据练习者的要求进行发球，陪练者需要将球发到相应位置后，观察练习者击球效果是否明显、落点是否合理，若明显或合理则迅速发出后续几个球，配合练习者要求的球路，进行三至四拍的多球练习。

练习目的：练习者可以很快地掌握进攻节奏、出手速度和落点位置是否合理且有效，更好地处理进攻的线路和落点，增加进攻战术的稳定性和提高进攻效率。

练习方法 2：采取双人单球战术组合练习法，通过练习者设计的球路组合，陪练者配合相应的回球线路，进行战术组合练习，直至死球。

练习要求：在对抗的过程中，陪练者要做到尽量少失误或不失误，根据来球处理到练习者要求的合理区域内，然后进行战术演练直至死球，反复循环。练习者要高度集中精力，处理好每一拍球的质量，达到相应的效果，把自己的战术特点发挥出来。

练习目的：通过双人单球战术组合练习法，练习者可以更直接有效地模拟实战。在对抗中，提高进攻能力的同时还可以练习防守能力，让练习者尝试不同的战术组合，确定找到适合自己的战术体系并加强练习。

二、防守

防守战术讲求"积极防守""防中有守"，而不是单纯的消极防守，因此要在自己被动防守时，通过调整战术来化解对手的攻势，夺回主动权。一般采用回击底线高远球或使用网前击球技术进行防守。回击底线高远球时，要注意回球质量，要回高远球而不是平高球，否则会给对手机会，增加自己防守的难度。在防守中运用勾对角和挡网技术是有效的，可达到反攻的目的。

练习方法 1：采取单人多球战术组合练习法，通过陪练者（发球机）进行多球战术组合练习。

练习要求：根据练习者的要求进行发球，陪练者需要打到相应位置后，观察练习者击球效果是否明显、落点是否合理，若明显或合理则迅速发出后续几个球，球路要配合练习者的要求，进行三至四拍的多球练习。

练习目的：练习者可以很快地掌握防守节奏、出手稳定性和落点位置是否合理且有效，更好地处理防守中的线路和落点，增加防守战术的稳定性，提高防守能力和下手球处理能力。

练习方法 2：采取双人单球战术组合练习法，通过练习者设计的球路组合，陪练者配合相应的回球进攻线路和落点，进行战术组合练习，直至死球。

练习要求：在对抗的过程中，陪练者要做到尽量少失误或不失误，根据来球处理到练习者要求的合理区域内，然后进行战术演练直至死球，反复循环。练习者要降低重心且高度集中精力，处理好每一拍防守的质量，把自己的防守战术特点发挥出来。

练习目的：通过双人单球战术组合练习法，可以更直接有效地模拟实战。在对抗中，提高练习者的防守能力的同时还可以提升陪练者的进攻能力，让练习者尝试不同的战术组合，确定找到适合自己的战术体系并加强练习。

三、控球

练习方法1：采取单人多球战术组合练习法，通过陪练者（发球机）进行多球战术组合练习。

练习要求：根据练习者的要求进行不同位置的发球，陪练者需要将球打到相应位置后，观察练习者击球效果是否明显、落点是否合理，若明显或合理则迅速发出后续几个球，配合练习者要求的球路，进行三至四拍的多球练习。

练习目的：练习者可以很快地掌握场上控球节奏、出手稳定性和落点位置是否合理且落点是否到位，更好地处理防守中的线路和落点，增加防守战术的稳定性，提高防守能力和下手球处理能力。

练习方法2：采取双人单球战术组合练习法，通过练习者设计的球路组合，陪练者配合相应的回球控球线路和节奏，进行战术组合练习，直至死球。

练习要求：在对抗的过程中，陪练者要做到尽量少失误或不失误，根据来球处理到练习者要求的合理区域内，然后进行战术演练直至死球，反复循环。练习者和陪练者要高度集中精力，最好做到控制与反控制处理，处理好每一拍控球的质量和线路，有效地控制住对手，把自己的控球战术特点发挥和展现出来。

练习目的：通过双人单球战术组合练习法，可以更直接有效地模拟实战。在对抗中，提高练习者的控球能力的同时还可以提升陪练者的控制能力，保证回合多，球落点到位且质量高，让练习者尝试不同的控球技战术组合，确定找到适合自己的战术体系加强练习。

四、压底线

控制后场，高球压底从发球开始就运用高远球或进攻性的平高球压对手后场底线，迫使对手后退，当对手回球不到位时，以扣杀球制胜；当对手疏于前场防守时，就可以以轻吊、搓球等技术在网前吊球轻取。轻吊必须在若干次高远球大力压住后场、对方又不能及时回到前场的基础上进行。这种打法主要是力量和后场的高、吊、杀技术的较量。对初学者来说，这是一种必须首先学习的基础打法。

练习方法 1：采取单人多球战术组合练习法，通过陪练者（发球机）进行多球战术组合练习。

练习要求：根据练习者的要求进行不同位置的发球，陪练者需要打到相应位置后，观察练习者底线落点击球效果是否明显、落点是否合理和到位，若明显或合理则迅速发出后续几个球，配合练习者要求的球路，进行三至四拍的多球练习。

练习目的：练习者可以很快地掌握场上的出球节奏、出手稳定性和后场落点位置是否合理且落点是否到位，更好地处理压底线战术中的线路和落点，增加战术的稳定性，提高出手速度和处理回球能力。

练习方法 2：采取双人单球战术组合练习法，通过练习者设计的球路组合，陪练者配合相应的回球控球线路和节奏，进行战术组合练习，直至死球。

练习要求：在对抗的过程中，陪练者要做到尽量少失误或不失误，根据来球处理到练习者要求的合理区域内，然后进行战术演练直至死球，反复循环。练习者和陪练者要高度集中精力，最好做到每个球尽量到位，处理好每一拍控球的质量和线路，练习者制造压底线机会，达到相应的效果，把自己的战术特点发挥和展现出来。

练习目的：通过双人单球战术组合练习法，可以更直接有效地模拟实战。在对抗中，提高练习者的压底线意识和能力的同时还可以提升陪练者的控球能力，在保证回合的基础上，提高球的质量，让练习者尝试不同的压底线技战术组合，确定找到适合自己的战术体系并加强练习。

五、防守反击

羽毛球的防守反击以平高球和快吊球击向对手前后左右四个角落，以调动对手。让对手先进攻，针对进攻方打出高远球、四方球、吊球等，加强防守，以快速灵活的步伐、多变的球路和刁钻准确的落点，诱使对手在进攻中匆忙移动，勉强扣杀，造成击球失误；或当对方回球质量较差时抓住有利战机，突击进攻。这种打法要求队员具有攻中有守、守中有攻的控球和反控球能力，不仅应具备优良的速度与耐力、灵活的步伐、准确快速的反应和判断应变能力，更应具有顽强的拼搏精神和心理素质，这样才能在逆境和被动局中保持沉着冷静，并奋起反击。

练习方法 1：采取单人多球战术组合练习法，通过陪练者（发球机）进行多球战术组合练习。

练习要求：根据练习者的要求进行不同位置的发球，陪练者需要打到相应位置后，观察练习者底线落点击球效果是否明显、落点是否合理和到位，若明显或合理则迅速发出后续几个球，配合练习者要求的进攻球路，进行三至四拍的防反多球练习。

练习目的：练习者可以很快地掌握场上的防守节奏、反击出手的稳定性和成功率，保证防守的稳定后，进攻合理且落点到位，更好地处理防反战术中的线路和落点，增加战术的稳定性，提高反应速度和处理回球能力。

练习方法 2：采取双人单球战术组合练习法，通过练习者设计的球路组合，陪练者配合相应的回球控球线路和节奏，进行战术组合练习，直至死球。

练习要求：在对抗的过程中，陪练者要做到尽量少失误或不失误，根据来球处理到练习者要求的合理区域内，然后进行战术演练直至死球，反复循环。练习者和陪练者要集中精力，最好做到每回合防守的稳定，处理好每一拍控球的质量和线路，练习者制造防反机会和进攻线路，达到相应的效果，把自己的战术特点发挥和展现出来。

练习目的：通过双人单球战术组合练习法，可以更直接有效地模拟实战。在对抗中，提高练习者防反进攻的意识能力的同时还可以提升陪练者的突击能力，在保证回合的基础上，提高球的质量，让练习者尝试不同的线路防反的技战术组合，确定找到适合自己的特点体系并加强练习。

六、拉吊

拉吊的特点是以进攻性的平高球快压对手于后场两底角，而后吊球或劈杀引对手上网，再迅速上网控制网前，以网前搓球结合推后场底线给对手回击制造困难，从而创造中后场大力扣杀的机会。拉吊要求运动员有较全面的技术，能攻善守，步伐、手法快速灵活，特别是要有比较细腻的控制网前的技术。练习者通常在掌握了较全面的技术后使用。

这种打法的特点是在后场通过下压击球（扣杀、劈杀或吊球）进攻技术，快速上网搓或推球取得前场攻势，使后场、前场的进攻紧密衔接，提高攻击的威力。

练习方法 1：采取单人多球战术组合练习法，通过陪练者（发球机）进行多球战术组合练习。

练习要求：根据练习者的要求进行不同位置的发球，陪练者需要打到相应位置后，观察练习者全场拉吊的出球效果是否明显、落点是否合理和到位，若明显或合理则迅速发出后续几个球，配合练习者要求的拉吊球路，进行三至四拍的拉吊多球练习。

练习目的：练习者可以很快地掌握场上拉吊结合的能力和节奏，还有出手的稳定性，保证扎实的拉吊能力、球的落点合理且到位，更好地处理拉吊战术中的落点和球速，增加战术的稳定性，提高反应速度和处理回球能力。

练习方法 2：采取双人单球战术组合练习法，通过练习者设计的球路组合，陪练者配合相应的回球控球线路和节奏，进行战术组合练习，直至死球。

练习要求：在对抗的过程中，陪练者要做到尽量少失误或不失误，根据来球处理到练习者要求的合理区域内，然后进行战术演练直至死球，反复循环。练习者和陪练者要集中精力，最好做到每次出手稳定，处理好每一拍控球的质量和线路，练习者给对手制造回球质量不高的机会，寻找拉吊时机和线路，达到相应的效果，把自己的战术特点发挥和展现出来。

练习目的：通过双人单球战术组合练习法，可以更直接有效地模拟实战。在对抗中，提高练习者的拉吊组织能力的同时还可以提升陪练者的回球质量，在保证回合的基础上，提高球的质量，让练习者尝试各种拉吊组合，组织自己的技战术组合，确定找到适合自己的战术体系并加强练习。

七、拉吊突击

拉吊突击战术是把球准确地打到对方场区的四个角上，使对方每次击球都要在场上来回奔跑。使用这种战术时，对不同特点的对手要采用不同的拉吊方法。对后退步伐慢的对手可以多打前、后场；对盲目跑动满场飞的对手可使用重复球和假动作；对灵活性差的对手应多打对角线，尽量使对手多转身；对后场反手差的对手仍通过拉开后攻反手；对体力不好的对手可用多拍拉吊来消耗其体力，然后战胜之。如能熟练地使用平高球、劈吊和网前搓、推、勾技术，快速拉开对手，伺机突击扣杀，则这一战术能收到更好的效果。

练习方法 1：采取单人多球战术组合练习法，通过陪练者（发球机）进行多球战术组合练习。

练习要求：根据练习者的要求进行不同位置的发球，陪练者需要打到相应位置后，观察练习者全场拉吊的出球效果是否明显、落点是否合理和到位，若明显或合理则迅速发出后续几个球，配合练习者要求的突击线路，进行三至四拍的拉吊多球练习。

练习目的：练习者可以很快地掌握场上拉吊结合的能力和节奏，还有出手的稳定性；找到适合进攻的时机和合适的进攻手段与方法；保证扎实的拉吊能力，进攻落点合理且到位；更好地处理拉吊突击战术中的意识和球速，增加战术的稳定性，提高进攻突击的意识和处理回球的能力。

练习方法 2：采取双人单球战术组合练习法，通过练习者设计的球路组合，陪练者配合相应的回球控球线路和节奏，进行战术组合练习，直至死球。

练习要求：在对抗的过程中，陪练者要做到尽量少失误或不失误，根据来球处理到练习者要求的合理区域内，然后进行战术演练，直至死球，反复循环。练习者和陪练者要集中精力，最好做到每次出手稳定到位，处理好每一拍控球的质量和线路，练习者给对手制造回球质量不高的机会，寻找拉吊时机和线路，达到相应的效果，把自己的战术特点发挥和展现出来。

练习目的：通过双人单球战术组合练习法，可以更直接有效地模拟实战。在对抗中，提高练习者的拉吊组织能力的同时还可以提升陪练者的回球质量，在保证回合的基础上，提高进攻突击球的质量，让练习者尝试各种拉吊突击组合并合理地组织自己的技战术组合，确定找到适合自己的战术体系并加强练习。

八、杀上网

练习方法 1：采取单人多球战术组合练习法，通过陪练者（发球机）进行多球战术组合练习。

练习要求：根据练习者的要求进行不同位置的发球，陪练者需要打到相应位置后，观察练习者杀球进攻的出球效果和质量是否明显、落点是否合理和到位，若明显或合理则迅速发出后续几个球，配合练习者要求的网前位置，进行三至四拍的拉吊多球练习。

练习目的：练习者可以很快地掌握提高杀上网的能力，还有出手的连贯性；找到适合进攻的时机和合适的进攻手段与方法；保证后场扎实的进攻能力，进攻落点合理且到位；更好地处理杀上网战术中的意识和球速，增加战术的稳定性，提高进攻突击的意识和处理回球的能力。

练习方法 2：采取双人单球战术组合练习法，通过练习者设计的球路组合，陪练者配合相应的回球线路，进行战术组合练习，直至死球。

练习要求：在对抗的过程中，陪练者要尽量合理出球，保证质量，根据来球处理到练习者要求的合理的网前区域内，然后进行战术演练，直至死球，反复循环。练习者要高度集中精力，处理好进攻的同时还要找到更好的上网节奏，达到杀上网效果，把自己的战术特点发挥出来。

练习目的：通过双人单球战术组合练习法，可以更直接有效地模拟实战。在对抗中，提高练习者的进攻能力的同时还可以提升陪练者的连续防守能力，让练习者尝试不同的杀上网战术组合，确定找到适合自己的战术体系并加强练习。

九、发抢

练习方法 1：采取单人多球战术组合练习法，通过陪练者（发球机）进行多球战术组合练习。

练习要求：根据练习者的要求进行不同位置的发球，陪练者需要打到相应位置后，观察练习者第一拍的出球效果和质量是否具备进攻性、落点是否

合理和到位，若具备防守条件则迅速发出后续几个球，配合练习者要求的进攻位置，进行二至三拍的发抢练习。

练习目的：练习者可以很快地掌握提高发抢的意识，还有出手的连贯性和果断性；找到适合进攻的时机和合适的进攻手段与方法；保证后场的进攻能起到相对占优势的局面，同时进攻落点合理且到位并据此判断是否可以继续保持下压；更好地处理发抢战术中的意识和线路，增加战术的稳定性，提高进攻突击的意识和处理回球的能力。

练习方法 2：采取双人单球战术组合练习法，通过练习者设计的球路组合，陪练者配合相应的回球线路，进行战术组合练习，直至死球。

练习要求：在对抗的过程中，陪练者要尽量做到合理发球或保证接发球的质量，根据来球处理到练习者要求的合理的后场区域内，然后进行战术演练，直至死球，反复循环。练习者要高度集中精力，处理好进攻的同时还要更好地找到抢攻的节奏，以达到压制的效果，把自己的战术特点发挥出来。

练习目的：通过双人单球战术组合练习法，可以更直接有效地模拟实战。在对抗中，提高练习者的进攻能力的同时还可以提升陪练者主动防守的意识和能力，让练习者尝试不同位置的抢攻战术组合，确定找到适合自己的战术体系并加强练习。

第五节　羽毛球双打比赛规则

羽毛球双打无疑是羽球比赛中最激烈、对抗性最强，也是最具观赏性的一种比赛形式，对两位运动员之间的配合与风格有极强的要求。双打不仅对球员的个人技术有很高的要求，而且还讲究两个人轮转、进攻、防守的一致性。因此双打技术往往更需要运动员兼备犀利的进攻与细腻的技术，并且在训练方式方法与运动心理上与单打有较大的区别。

按照性别分类，羽毛球双打除了男双、女双外，还有混双这一男女组合项目。在观赏性上，双打比单打的节奏更快，对运动员的反应能力、速度、爆发力、体能控制、心理状态调整等能力都有极大的要求。在战术上，双打运动员的训练往往更加考验教练员的综合训练能力与运动员的综合素质，可分为跑位战术、发接发相关战术、双打攻防战术三大主要类别。

在训练上，双打可以简要分为羽毛球专项技术、球员综合能力技术这两类。前者主要是双打训练中涉及的网前技术、后场技术、轮转技术等，后者主要是球员其他综合素质，如体能、反应速度、心理承受能力等。本书对以上两种训练方式的分类主要以有无羽毛球参与相关训练划分。需要明确的是，以上两种训练方法并非独立存在，大部分情况下是相互包含的关系，对于如何选择搭配训练内容、制定训练计划，可以参考本书的第五、六章，发挥主观能动性进行科学的判断与合理的安排。

羽毛球运动的世界级组合众多，其中在该项目长期保持或曾经达到较靠前的世界纪录的国家有印度尼西亚、马来西亚、日本、韩国、印度以及中国。目前男双世界排名第一的是来自印度尼西亚的法贾·阿尔弗兰和穆罕默德·里安·阿利安托（世界积分94 379），女双世界第一为我国的陈清晨和贾一凡（世界积分100 654），混双世界第一为我国的郑思维和黄雅琼（世界积分116 906）。此外我国的男双新星梁伟铿、王昶（世界积分85 841）紧追其后。我国在羽毛球双打运动项目上始终保持着较强的竞争力，并且每年都在各项领域中不断地发展与进步。就目前数据来看，我国羽毛球在双打项目中占据了大部分的项目优势，新生代的运动员不断成为国家队的生力军，这与国内成熟的羽毛球训练体系与训练经验有巨大关系（以上数据取自2023年6月前的世界排名）。

本书注重参考中国国家队、中国羽毛球各省省队、各省青训队、中国高校羽毛球队与其他羽毛球训练组织的训练方法，为读者制定符合国人的羽毛球运动训练计划，详解双打的战术战略、训练方式、思政心理等重要模块。需要注意的是，本书的训练模式与方法在使用过程中仍需要根据实际情况和自身训练条件合理参考运用。

一、羽毛球双打比赛规则

羽毛球双打的基本规则是保证整场比赛能够正常运行的关键，熟知双打的基本比赛规则有助于运动员更好地利用在合理规则范围内的战术赢得比赛的胜利。大体来讲，羽毛球双打规则分为基本站位规则、发球转换规则、场地规则、胜负判定与分制规则等，此外还有一些基本的球场礼仪与尊重裁判、观众、比赛本身的运动精神等规则。

大学生羽毛球运动
理论与实践

二、站位规则

羽毛球双打项目的站位规则可以分为男女双打与混双两种不同的形式。站位规则也分为发球方与接发球方两种不同的站位规则。

男女双打的发球站位要求双打运动员呈较大幅度的前后站立与较小幅度的左右平行站立。发球人按照发球规则（单数为左，双数为右）并向斜对角线的场地发球。另一位非发球人站在靠近中线后方距离发球人两步步长的位置，该位置无需超过第一条发球底线，主要是为前方发球人能够在发球后快速架拍、移动、进攻创造可活动空间。后场非发球人同时需要快速进入进攻准备状态。

男女双打的接发球站位要求双打运动员左右平行站立并略微呈前后交叉位置。其中接发球人站在对方发球人对角线的场地位置，在不超过发球线的位置架拍接球。另一名队员则在接发球人身后的平行中线的位置架拍接球，两人不必保持完全平行而应该有适当的前后距离（该距离小于等于非接球人的一步步长）。需要注意的是，接发球人的位置可以根据自身战术安排与习惯选择是否贴近发球线。如果接发球人反应迅速并拥有较强的纵向移动能力，建议接发球员尽量贴线站立（发球相关战术解释可参考第七章第九节发接发战术篇）。

混双的站位规则相比较男女双打有极大的不同。男女双打的发球位置均是四位运动员在发球线位置轮流发球，而混双中的男运动员发球位置在中线中点偏前方的位置，这个位置大致在混双女运动员身后一步左右不超过半场的位置。需要注意的是，混双男运动员不能跨过中线发球，同时需要遵守对角线发球原则。

三、发球规则

羽毛球男双、女双、混双的发球规则基本一致，大致有以下四点：

（1）一局比赛开始和每次获得发球权的一方，都应从右发球区发球。

（2）只有接发球员才能接发球；如果他的同伴去接球或被球触及，发球方得一分。

（3）任何一局的首先发球员失去发球权后，由该局首先接发球员发球，

196

继而由首先接发球员的同伴发球，接着由他们的对手之一发球，接发球顺序或者发球顺序不能随意更改，如此循环传递发球权，直至比赛结束。

（4）发球时要遵守比赛对于发球高度、动作、时间的限制，恶意利用发球规则会被判罚发球违例或者被视为侮辱对方运动员。

四、场地规则

羽毛球双打运动的边线与出界判定可以分为发球出界判定与比赛中的边界判定。

发球边界相比单打有很大的不同，双打发球边界的左右边界相比单打延伸到了第二条边线，后场边界由第二条边界缩减到第一条边线。因此我们可以理解为相比单打，双打发球的左右边界拓展了，但是纵向的后场边界缩短了。双打同样要求发球过对方发球线，砸线算好球。而双打比赛中的边界判定与单打相比更为简单，即过网后整个场地边线内部的所有场地位置。

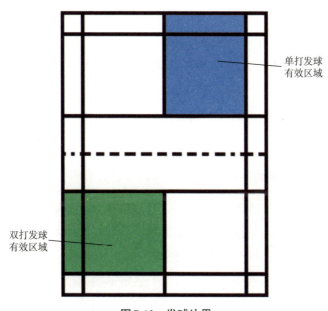

图7-12　发球边界

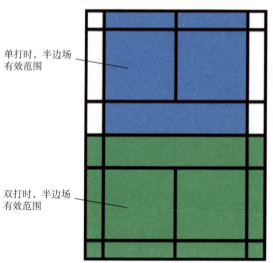

单打时，半边场
有效范围

双打时，半边场
有效范围

图7-13　比赛中的边界判定

五、分制规则

国际比赛中羽毛球双打比赛的分制主要是21分制三局两胜，且领先一方必须比对方净胜2分方能获胜（21∶19为获胜但21∶20不算）；如出现需要加分的情况，则需要有一方领先对方2分方能判定胜负（22∶20、24∶22）。除了国际规则外，目前大部分比赛还设置了更加适用于普通高校的比赛规则——31分一局，比较有代表性的是该分制被北京高校比赛采用。该分制更适用于普通学生运动员的体力和能力，也可以成为教练员在训练中丰富训练方式的比赛分制选择。

六、运动精神相关规则

羽毛球运动有自己的礼仪，国际羽毛球联赛也十分重视该项目对体育精神的严格遵守。在运动场上，羽毛球运动员应该在公平竞争的基础上尊重观众、对方球员、队友、裁判、教练团队等。

这种尊重主要建立在是否遵守前文上述规则的基础上，除此之外也包含了很多与他人合理沟通、不与观众发生冲突、不消极比赛等问题。中国的羽毛球教育与人才选拔十分看重球员在场上对待比赛的态度，这要求羽毛球教练格外关注对球员的心态、思想、精神等方面的引导与教育。这种教育不仅仅能为我国培养出出色的运动员，还能给当代青少年磨炼意志品质与积极面对生活的挑战上好生动的一课。

第六节　羽毛球双打站位、跑位技术与练习方法

羽毛球的站位、跑位技术主要分为基本站位、进攻、防守、轮转四个方面，其中基本站位可参照本章第一节的羽毛球单打比赛规则。羽毛球双打的跑位技术很大程度上考验了场上两位队员的判断与反应能力，需要队员在判断场上形式的前提下快速完成抢攻、攻防转换、轮转等模式跑位。队员可以通过平时的训练实现双人轮转练习。

一、防守站位与跑位方法

在羽毛球双打比赛中，一旦为对方球员创造出进攻机会（包括被迫起球、回球质量不高、对手通过发接发抢到网前高点等），对方队员会迅速进入进攻模式，而防守方球员也要快速进行位置调整。

（一）具体位置调整

两位防守球员身前位置持拍，半蹲并保持位置平行。如果起球方向为直线，则对应一侧的防守球员位置要靠近边线，另一位球员位置靠近中线。这是因为在起直线的挑球时，该侧防守球员需要承担来自正面的强攻。因此另一位防守球员就承担起了保护中场与另一侧边线的任务。相比正面强攻，双打攻击斜线会给防守球员更多的时间进行反应。

反之，如果防守球员主动进行斜线的分球、挑球的话，需要对应侧的队友快速靠近边线而起球的防守球员则在起球后靠近中线。以上两种防守球员的分球与挑球方式都需要注意对方在进攻中可能选择变换节奏或者调动网前，因此不能仅仅机械地练习跑位动作，更应该有变化地模拟赛场变化形式进行反应力的训练。

（二）双打与混双练习方法

1. 双人多球训练法

两位练习者在己方半场进行防守半蹲准备，陪练者通过多球形式进行发球，陪练者通过多球调动练习者进行防守和跑动。

练习要求：陪练者发球具备进攻性，增加练习者跑动距离和防守难度；练习者全程精神集中，在练习过程中培养默契、防守意识和无球跑动意识。

练习目的：通过多球训练，有效地提高练习者的防守能力和跑动意识，在练习过程中，练习者明确自己和搭档之间的防守范围及习惯防守线路，通过大量的多球训练提高防守的稳定性和配合意识。

2. 双人单球训练法（二一式或三二式）

练习者和三个或两个陪练者进行练习，陪练者发球后，练习者主动挑球后退进行防守练习，直至死球。

练习要求：练习者全程集中精力，在防守过程中尽量保证出球的质量和尽量不出现非受迫性失误；陪练者尽量通过高球、吊球、杀球等进攻技术手段给练习者制造困难，增加防守难度，找到练习者的防守弱点进行组织进攻。

练习目的：通过单球训练有效地模拟真实的战术环境；通过增加陪练者的人数给练习者增加防守压力，迫使练习者提高出球质量和防守能力；在练习过程中，练习者找到属于自己的防守节奏和防守习惯线路。

二、进攻轮转与跑位

在羽毛球双打比赛中，球员一旦抢到网前的进攻位置或者通过网前技术迫使对方起球，就进入了进攻回合。

（一）站位调整

在站位上，两位球员不需要像防守者一样平行站立。两位球员要求一前一后并且基本保持在羽毛球左右一侧场地的同侧进行进攻。后场的球员可以通过杀球、吊球进攻对方防守的薄弱环节或者网前，而前场的球员则需要在发球线位置拦截对方的回球。需要强调的是，两位进攻者需要根据对方回球的位置进行轮换进攻，这不仅是为了保证进攻球员的体力与下压球的侵略性，更是为了变换场上进攻的节奏而找到得分的突破口。

混双球员要注意男球员作为后场的主攻点可以在训练中以后场技术为主，女球员基本上以网前封网技术为主。但这并不是说双方不需要训练网前与后场技术，技术更全面的球员可以更好地针对对手薄弱环节集中火力进攻。

此外，进攻阵型的跑位技术要求在训练中要格外练习下压球，避免出现在进攻过程中因为位置变换造成的回球不到位，从而浪费进攻机会。

图7-14　进攻轮转与跑位

（二）男子双打练习方法

1.双人多球训练法

练习者首先处在各自半场的中场站位，陪练者通过发多球的方式，第一个球先处理网前球，其中一个练习者开始抢网上网，另一个练习者则无球跑动到后场开始准备进攻，形成前封后杀站位。陪练者的第二个球则发向后场，让站在后场的练习者进行进攻，给同伴制造封网机会。

练习要求：练习者脚下积极、精神集中，有主动抢网的意识，通过多球的方式形成有效的跑动，增加练习者进攻的意识和配合意识；陪练者发球过

程中可以很好地把握发球的力量和节奏，培养练习者的进攻意识和跑动轮转意识。

练习目的：通过多球训练有效地提高练习者的进攻能力和轮转意识，在练习过程中，练习者明确自己和搭档之间的进攻区域及习惯进攻线路，通过大量的多球训练提高进攻的稳定性和效率。

2. 双人单球训练法（二一式、三二式）

练习者和一个或两个陪练者进行练习，练习者发球后，陪练者主动挑球后退进行防守，配合练习者进行进攻练习，直至死球。

练习要求：练习者全程集中精力，在进攻过程中尽量保证出球的质量和尽量不出现非受迫性失误；陪练者尽量通过防守技术手段和线路调节练习者的进攻节奏，给练习者不好进攻的位置，增加进攻难度，练习者需找到陪练者的防守弱点并组织进攻。

练习目的：通过单球训练有效地模拟真实的战术环境，通过各种防守技术给练习者增加进攻难度，练习者在练习过程中找到自己的进攻节奏和进攻习惯线路。

三、混合双打练习方法

（一）双人多球训练法

练习者首先处在各自半场的中场站位，陪练者通过发多球的方式第一个球先处理网前球，其中一个练习者（女球员）开始抢网上网，另一个练习者则（男球员）无球跑动到后场开始准备进攻，形成前封后杀站位。陪练者第二个球则发向后场，让站在后场的练习者进行进攻，给同伴制造封网机会。

练习要求：练习者脚下积极、精神集中。女球员要有主动抢网意识，通过多球的方式形成有效的跑动，增加男球员多在后场进攻的意识和配合意识。陪练者发球过程中可以很好地把握发球的力量、节奏和位置，到位且合理，培养练习者的进攻意识和跑动轮转意识。

练习目的：通过多球训练有效地提高练习者的进攻能力和轮转意识，以及练习者（女球员）的抢网意识，在练习过程中，明确女球员的出球线路和男搭档之间的进攻区域及习惯进攻线路，通过大量的多球训练提高进攻的稳定性和效率。

（二）双人单球训练法（二一式、三二式）

练习者和一个或两个陪练者进行练习，练习者发球后，陪练者主动挑球后退进行防守，配合练习者进行进攻练习，直至死球。

练习要求：练习者全程集中精力，在进攻过程中尽量保证出球的质量和尽量不出现非受迫性失误；陪练者尽量通过防守技术手段和线路调节练习者的进攻节奏，给练习者不好进攻的位置增加进攻难度，练习者需找到陪练者的防守弱点并组织进攻。

练习目的：通过单球训练有效地模拟真实的战术环境，通过各种防守技术给练习者增加进攻难度，给女球员增加抢网的难度，有效地限制女球员抢网，在练习过程中，练习者找到自己的进攻节奏和进攻习惯线路。

第七节　羽毛球双打前场技术、中场技术、后场技术与练习方法

一、羽毛球双打的前场技术

羽毛球双打的前场技术主要以封网为主，与单打相比，双打中的搓、勾、推、挡、拨、挑等技术在球员的站位、出手速度和发力方向方面会有所不同。

封网，可以有效地在网前对对手进行压迫和控制，通过封网技术可以帮助同伴组织进攻，在封网的同时还可以寻找对手的薄弱点。

搓球，可以有效地在近网通过高质量的贴网球迫使对手挑球。高质量的搓球可以改变球的下落方式，并且可以贴网迫使对手做出紧急处理。与单打搓球技术相比，双打搓球出手角度较平，弧度较低，速度较快，以切磋为主的处理方式较多。

勾球，可以有效地调动对方在网前横向移动，同样也是为了达到迫使对手起球的目的。需要注意的是，如果对手镇守在网前的话，需要在假动作的掩护或者保证质量的前提下选择勾球，否则很容易被对手抓到网前进攻的机会。与单打勾球技术相比，双打的勾球出手速度较快，出球距离较短，弧度较平，以主动上手勾球为主。

推球，可以将球以下压或者平推的形式实现快速反击。接发球一方可以

对后场或者边线两腰进行推球，达到快速调动对方防守人使其做出较为挣扎的回球效果。推球出其不意会直接产生得分，但是需要进攻方多样化地使用进攻手段，否则推球路线被掌握后很难达到迫使对方起球的效果。与单打推球技术相比，双打的推球弧度较平，出手速度较快，发力挥拍空间较少，落点位置多变。

挡网是很适合防守者在防守时转换进攻的技术动作。成熟的防守者会将挡网作为拦截、调动进攻方的武器，很容易破坏对方的动作节奏，尤其是可以根据对方的启动动作判断是否运用该技术。与单打挡网技术相比，双打的挡网出手较快，弧度较平，落点位置灵活多变。

拨球是隐蔽系数很高的网前技术。拨球往往根据对手中心的变化而变换，因为动作类似挡网，所以可以搭配使用。如果防守者动作一致性较强，建议在转换进攻中使用。对于该项技术不熟练的练习者，建议直接选择挑球，避免因为发力问题造成失误。与单打拨球技术相比，双打拨球大部分出现在接发球处理上，这项技术对力度和对方位置空间感的要求很高。

挑球是最基础的网前技术。作为基本功，挑球最直接的战术目的就是调动对手位置或者帮助双打球员应付一些高质量的回球。在高水平比赛中，挑球往往是最不好的选择也是最无奈的选择，一般默认主动起球的一方将失去主动进攻的机会，只能在防守反击中等待转换进攻的时机。但这并不代表它不重要，相反挑球技术是以上所有技术的基础，初学者不建议在本项技术不成熟的前提下学习以上技术。双打的挑球基本要求与单打挑球相同，只需要根据对面两名对手的位置进行挑球，以己方能有充分的时间回防即可。

二、羽毛球双打的中场技术

羽毛球双打的中场技术主要以平抽挡和接下压两项技术为主。

平抽挡技术是双打进攻技术中的主要基本技术，它是一种在中场技术中偏进攻的技术。在和对手进行中场较量时，大多数球员采取平抽快挡的技术手段为本方组织进攻或创造进攻得分机会。

接下压技术是双打防守技术中的主要基本技术之一，它是一种在中场技术中偏防守的技术，也是在中场时准备接对方的杀球、抽球或扑球的一种技术，接下压的目的是把劣势抵挡住的同时找到对方薄弱点进行防守反击。

（一）平抽挡技术练习方法

1. 单人多球训练法

练习者和陪练者分别站在各自场地的中间位置，由陪练者发球（平射球），练习者降低重心举拍准备击球。

练习要求：练习者集中精力注意来球，在练习的过程中注意发力和保持脚下灵活性，根据来球位置目视网带方向进行击打，回球位置尽量在对方中场位置。

练习目的：通过多球训练方式提高击球的稳定性，包括击球时的发力和空间感，提高对来球的判断力，有效地巩固动作，提高击球的成功率。

2. 双打单球训练法

练习者和陪练者在各自场地的中场位置，由陪练者发球（平射球），练习者回击球，直至死球。

练习要求：练习者和陪练者要保持尽量不失误，保证多回合，控制发力的力度和发力方向（正前方），集中精力，时刻准备应对对手的回击球。

练习目的：通过单球训练模拟真实的战术环境，提高技术的稳定性和临场的反应击球速度，有效判断来球并进行发力，提高并巩固肌肉记忆力和动作稳定性。

（二）接下压练习方法

1. 单人多球训练法

陪练者站在网前发球线后一步距离准备发球（向下发平射球），练习者对准网带上方回击球，练习者通过多球接（平射球）进行接下压被动练习。

练习要求：练习者在中场附近全程保持低重心准备击球；陪练者发球时注意出球的方向（尽量向下），相对控制发球力度，配合好练习者掌握击球的节奏。

练习目的：通过多球训练有效提升技术动作的稳定性，掌握接下压的节奏和发力，掌握挥拍动作轨迹的过程。

2. 双人单球训练法

陪练者站在网前发球线后一步距离准备发球（向下发平射球），练习者对准网带上方回击球，练习者通过多球接（平射球）进行接下压被动练习，直至死球。

练习要求：练习者在中场附近全程保持低重心准备击球；陪练者发球时注意出球方向（尽量向下），相对控制发球力度，配合好练习者掌握击球节奏；练习者和陪练者在练习过程中相对控制发力，尽量避免失误，保持多回合，在一定的速度下保持多拍能力。

练习目的：通过单球训练有效地模拟实战情景，提高练习者在单球接下压时的节奏和空间感，针对不同速度和位置的来球保持稳定的发力方式和出球线路，针对不同陪练者进行多拍下压，增加巩固防守能力。

三、羽毛球双打的后场技术

羽毛球双打的后场技术主要有高球、吊球、杀球、劈吊、劈杀、点杀等技术。

相对单打技术中的高远球和平高球，高球弧度较平、速度较快，整体击球节奏较快。

相对单打技术中的吊球，在双打技术中，吊球球速较快，出手速度需要较快、更直接，落点也较多，几乎覆盖对面整个发球线附近的区域。

相对单打技术中的杀球，双打中的杀球要求练习者有连续杀球的能力和持续的突击能力，在进攻区域的选择上也比较多样，覆盖整个中后半场。

相对单打技术中的劈吊、劈杀、点杀，双打中的这些技术要求练习者具备连续进攻能力，提高出手速度和击球速度，使用的频次更多，处理方式和方法也较多，包括追身、追人、进攻距离都有不同的技术处理办法。

第八节　羽毛球双打攻防战术与练习方法

一、攻后场

攻后场战术常用来对付后场扣杀能力较差的对手，把对方弱者调动到后场后也可以使用。此战术多采用平高球、平推球、挑底线把对方一人紧逼在底线，使其在底线两角移动击球，在其还击出半场高球或网前高球时即可大力扣杀，取得该球的胜利或主动。例如，在逼底线两角时对方同伴要后退支援，则可攻击网前空档或打后退者的追身球。

攻后场练习方法有双人多球训练法、双人单球训练法。

（一）双人多球训练法

两位练习者在己方场上做好准备，陪练者发球，练习者尽量处理对方后场底线附近的发球，当出球效果较好时，己方队员跟进呈进攻局面。

练习要求：两位练习者在处理来球时，以打对方底线为主，当其中一位练习者出球效果较好时，己方队员跟进呈进攻局面，陪练者发球需要多角度多变化，尽量不让练习者占据场上主动性。

练习目的：通过多球训练提高配合默契度和战术稳定性，熟悉搭档的球路和线路，根据出球效果和线路选择相对默契的跑位进行轮转进攻，通过反复训练提高压底线进攻的效率。

（二）双人单球训练法

双方在场上做好准备，从陪练者发球开始，两位练习者尽量把球处理到对方的底线附近，寻找对方进攻的薄弱点，其中一个练习者跟进寻找抢网机会，伺机进攻，直至死球。

练习要求：两位练习者在处理来球时，以打对方底线为主，当其中一位练习者出球效果较好时，己方队员跟进呈进攻局面，陪练者发球需要多角度、多变化，尽量不让练习者占据场上主动性，当练习者压底线效果明显时，及时跟进进攻。

练习目的：通过单球训练更好地模拟实战环境，面对不同的陪练者，练习者的出球线路和出球目的都不相同，根据对手的实际情况，以不同的方式压对方底线，提高默契配合度，找到属于自己的压底线的习惯球路或特长战术。

二、前封后攻

后场队员积极大力扣杀创造机会，在对方接杀放网、挑高球或企图反击抽球时，前场队员以扑、搓、勾、推控制网前，或拦截吊、封住前半场，使整个进攻连贯而又有节奏变化，使对方防不胜防。

前封后攻练习方法有双人多球训练法、双人单球训练法。

（一）双人多球训练法

两位练习者在己方场上做好准备，陪练者发全场多球，练习者通过抢网

下压和轮转跑位，形成前封后杀的局面，反复轮转跟进进攻。

练习要求：两位练习者在处理来球时，以主动下压或抢网为主，当其中一位练习者抢网效果较好时，迅速跟进，呈进攻局面，前封后杀，陪练者发球需要多角度、多变化，尽量不让练习者在网前占据主动性，当练习者下压效果明显时，及时跟进形成轮转进攻局面。

练习目的：通过多球训练提高配合默契度和战术稳定性，熟悉搭档的球路和线路，根据出球抢网效果和线路，选择相对默契的跑位进行轮转进攻，通过反复训练了解搭档的进攻线路，提高两位练习者的默契程度。

（二）双人单球训练法

两位练习者在己方场上做好准备，陪练者发球，练习者通过抢网下压和轮转跑位，形成前封后杀的局面，陪练者尽量偏被动处理球，给练习者寻找机会抢网进攻，练习者通过反复寻找进攻机会轮转跟进进攻，形成前封后杀的局面，直至死球。

练习要求：两位练习者在处理来球时，以主动下压或抢网为主，当其中一位练习者抢网效果较好时，迅速跟进，呈进攻局面，前封后攻，陪练者处理需要多角度、多变化，尽量让练习者在网前占据主动性，形成被动局面，当练习者下压效果明显时，及时跟进形成轮转进攻局面。

练习目的：通过单球训练更好地模拟实战环境，面对不同的陪练者，练习者的抢网上网线路也不相同，根据对手的实际情况，以不同的方式处理抢网，形成轮转，提高默契配合度，找到属于自己的前封后杀的习惯球路或特长战术。

三、攻人

攻人是双打中常用的一种战术。对付两名技术水平高低不一的对手时，一般都采用这种战术；对付实力相当的两名队员也可采用这一战术。进攻对方相对防守较弱的一名选手，常能起到"集中优势兵力打歼灭战"的作用；在另一队员过来协助时，又会暴露出空档，可在其仓促接应、立足不稳时偷袭他。

攻人练习方法有双人多球训练法、双人单球训练法。

（一）双人多球训练法

两位练习者在己方场上做好准备，陪练者发全场多球，练习者通过多拍轮转跑位，形成进攻的局面，摆放一个标志物在对方场区，通过反复轮转跟进进攻此标志物，以攻击此标志物为主。

练习要求：两位练习者在处理来球时，先以主动下压或抢网为主，当其中一位练习者抢网效果较好时，迅速跟进呈进攻局面，进攻的目标以标志物为主，围绕标志物组织进攻。陪练者发球需要调整角度和利用好场地的宽度，尽量让练习者处理球离标志物较远。当练习者下压效果明显时，及时跟进形成轮转进攻局面，进攻标志物。

练习目的：通过多球训练提高配合默契度和战术稳定性，熟悉搭档的球路和线路，根据出球抢网效果和线路，选择相对默契的跑位轮转进攻标志物，通过反复训练了解搭档的进攻线路，提高两位练习者的默契程度，也可根据不同位置的标志物设计不同的战术跑位。

（二）双人单球训练法

两位练习者在己方场上做好准备，陪练者发球，此时陪练者只防守半边场地，练习者通过多拍轮转跑位，形成进攻的局面，进攻陪练者防守的半区，通过反复轮转跟进进攻陪练者。

练习要求：陪练者只防守半边场地，练习者需要先站到机会抢网，伺机轮转进攻，在对抗过程中，以练习者进攻为主，陪练者尽量以防守处理为主。

练习目的：通过单球训练更好地模拟实战环境，面对不同的陪练者，练习者的抢网方式也不相同，根据对手实际情况，以不同的方式处理抢网，形成轮转，提高默契配合度，找到对方的薄弱点后进攻，找到习惯球路或强化特长战术。

四、攻中路

攻中路是指守方左右站位时把球打在两人的中间。这种战术可以造成守方两人抢接一球或同时让球，彼此难以协调；限制对手在接杀球时挑大角度高球调动攻方；有利于攻方的封网，由于打对方中路，对方回球的角度变小，因此网前队员封网的难度变小。

守方前后站位时把球下压或轻推在边线和腰线半场位置。这种战术多半

是在接发网前球和守中反攻抢网时运用。这种球守方前场队员拦截不到，后场队员又只能以下手击球放网或挑高球，后场两角便会露出很大空档，因而有隙可乘，攻击他的空档或身体位。

攻中路练习方法有双人多球训练法、双人单球训练法。

（一）双人多球训练法

两位练习者在己方场上做好准备，陪练者发全场多球，在陪练者场地摆放两个标志物，练习者通过抢网下压和轮转跑位形成进攻局面，主要进攻区域在两个标志物中间区域。

练习要求：两位练习者在处理来球时，先以主动下压或抢网为主，当其中一位练习者抢网效果较好时，迅速跟进呈进攻局面，陪练者发球需要多角度、多变化，尽量不让练习者在网前占据主动性，当练习者下压效果明显时，及时跟进形成轮转进攻局面，以组织攻击标志物中间区域为主。

练习目的：通过多球训练提高配合默契度和战术稳定性，熟悉搭档的球路和线路，根据出球抢网效果和线路，选择相对默契的跑位进行轮转进攻，学会观察和处理标志物中间的区域空档。通过反复训练了解搭档的进攻线路，提高两位练习者的默契程度。

（二）双人单球训练法

两位练习者在己方场上做好准备，陪练者发球，此时陪练者以防守姿态为主，各自守己方半边场地。练习者通过多拍轮转跑位形成进攻局面，进攻陪练者的中间区域，通过反复轮转跟进进攻陪练者，直至死球。

练习要求：两位练习者在处理来球时，先以主动下压或抢网为主，当其中一位练习者抢网效果较好时，迅速跟进呈进攻局面，陪练者以防守姿态为主，各自守己方半边场地，当练习者下压效果明显时，及时跟进形成轮转进攻局面，以组织攻击两位陪练者中间区域为主。

练习目的：通过单球训练更好地模拟实战环境，面对不同的陪练者的防守能力和线路，练习者的抢网方式也不相同，根据对手的实际情况，以不同的方式处理抢网，形成轮转，提高默契配合度，找到对方中间地带的薄弱点后进攻，找到自己的习惯球路或强化特长战术。

五、双压

双压需要两位运动员都有很强的进攻能力和配合默契的能力，在战术中，双方都具备抢网意识和抽档跟进进攻意识，通过在中场和对手进行较量后，制造进攻机会和进攻线路，两名运动员一起进攻给对手制造压力，需要两位运动员有很强的场上连贯能力。

双压练习方法有双人多球训练法、双人单球训练法。

（一）双人多球训练法

两位练习者在己方场上做好准备，陪练者发全场多球，练习者通过多拍轮转跑位，形成进攻局面，当其中一位练习者跟进时，另外一位练习者同时迅速跟进，形成左右开攻的局面。通过反复轮转跟进进攻，形成双压局面，给对方制造防守压力。

练习要求：两位练习者在处理来球时，先以主动下压或抢网为主，当其中一位练习者抢网效果较好时，另外一位练习者同时迅速跟进呈进攻局面，进攻的线路要合理，围绕某种技战术进行组织进攻，陪练者发球需要调整角度和利用好场地的宽度，尽量让练习者形成双压局面。

练习目的：通过多球训练提高配合默契度和战术稳定性，熟悉搭档的球路和线路，根据出球抢网效果和线路，选择相对默契的跑位进行轮转进攻。通过反复训练了解搭档的进攻线路，提高两位练习者的默契程度，也可根据不同处理球方式设计不同的战术跑位。

（二）双人单球训练法

两位练习者在己方场上做好准备，陪练者发球，练习者通过多拍轮转跑位，形成进攻局面，当其中一位练习者跟进时，另外一位练习者同时迅速跟进，形成左右开攻的局面。通过反复轮转跟进进攻，形成双压局面，给对方制造防守压力，直至死球。

练习要求：当其中一位练习者抢网效果较好时，另外一位练习者同时迅速跟进呈进攻局面，处理球时尽量给练习者一人一拍直线跟进，让练习者形成双压局面。

练习目的：通过单球训练更好地模拟实战环境，面对不同的陪练者，练习者的双压方式也不相同，根据对手的实际情况，以不同的方式处理抢网，

形成轮转，提高默契配合度，找到对方的薄弱点后，两位练习者同时跟进进攻，找到习惯球路或强化特长战术。

六、防反

防反是先进行有效的防守，在防守过程中寻找对方的进攻薄弱点或空档，进行反攻，制造进攻机会。此战术需要本方球员有很强的防守能力和观察对手的能力，通过有效地掌握防守节奏伺机进攻，轮转成进攻局势。

防反练习方法有双人多球训练法、双人单球训练法。

（一）双人多球训练法

两位练习者在己方场上做好准备，陪练者发全场多球，陪练者以发下压球为主，当练习者通过多拍轮转跑位抢网成功时，形成进攻的局面。再发以防守为主的高球，让练习者形成进攻局面，通过反复防反跟进进攻，形成进攻局面。

练习要求：两位练习者在处理来球时，先以被动防守为主，当其中一位练习者防守效果较好时，迅速跟进，轮转站位呈进攻局面。首先是防守的线路要合理，其次跟进的位置要创造进攻的机会，围绕防守技战术组织进攻。陪练者发球需要先主动下压，防反形成后，以下手发球为主。

练习目的：通过多球训练提高配合默契度和战术稳定性，熟悉搭档的出球球路和防守习惯，根据防反效果和线路，选择相对默契的跑位进行轮转进攻。通过反复训练了解搭档的进攻线路，提高两位练习者的默契程度，也可根据不同处理球方式设计不同的战术跑位。

（二）双人单球训练法

两位练习者在己方场上做好准备，陪练者发球，练习者先以被动处理高球为主，当练习者通过多拍防守效果明显时，其中一位练习者轮转跑位抢网，形成进攻局面，陪练者再被动处理来球，让练习者形成进攻局面。通过反复防反跟进进攻，形成防守反击的局面。

练习要求：练习者先以被动处理高球为主，要具备扎实的防守能力，在保持多拍被动防守的同时，找到对方的薄弱点或进攻盲区，进行防守第一拍，从而形成防反局面，由守转攻。

练习目的：通过单球训练更好地模拟实战环境，面对不同的陪练者的进攻能力和线路，练习者的防守处理方式也不相同，根据对手的实际情况，以不同的防守技巧和线路，形成防反局面，提高默契配合度，找到对方进攻盲区后，由守转攻，找到自己的习惯球路或强化特长战术。

第九节　羽毛球双打发接发战术与练习方法

羽毛球双打运动中，发接发是双打每一回合制中最重要的阶段。在这一阶段，球员要通过细腻的网前技术与快速的抢网下压打开进攻局面。往往三个回合内双方就会进入攻守转换的阶段或者是一方直接得分。前几拍质量的高低，有可能直接关系到比赛的走势和胜负。

一、发球

发球是比赛的第一步，发球在追求质量的同时一定要加强稳定性，尤其是在关键球发球时，稳定性高于一切。在发球策略上要追求多变，如时间、节奏和落点的变化。根据对手的特点，寻找对自己威胁最小的发球。

（一）发球线路的变化

发球时，网前队员要与后场队员做好配合，做好第三拍的明确分工。使对方首尾难于兼顾，多点设防，疲于应付；在发球的弧线上也要有变化。这样，接球方就难以摸到发球方的规律了。需要注意的是，发球要注意高度，不要养成动作过于夸张的习惯，避免因动作问题造成的失误或者误判。

（二）发球时间的变化

接发球方在准备接发球时，虽然思想高度集中，但因受到发球方的牵制，要等球发出后才能判断、启动、还击。所以，发球动作的快慢应在规则允许的范围内有所变化，不要让接球方找到规律。

（三）发球时心理的影响

在双打比赛中，有时会出现发球失常，原因主要有两个，一个是发球技术不过硬，另一个则是受接发球者的影响。由于接球者站位逼前，扑、杀球凶狠且命中率较高，加之比分正处于关键时刻，因此球员很容易心情紧张，影响发球质量。遇到这种情况，可以适当采取战术转换心态。首先，可以通过更换比赛用球在时间上进行调整，打乱对方的进攻节奏。其次，可以通过

深呼吸、回想训练要点、自我呐喊助威等方式进行自我调节。在发现队友存在发球紧张的问题时，可以相互间交流与鼓励，提醒其改变节奏找到状态。

二、接发球

接发球质量的高低对比赛结果有重要影响，球员要进行各种抗干扰的接发球训练，提高精神注意力，抢高点，不起球，提高接发球的速度，变化接发球线路和落点。

首先，球员要了解自己习惯的接发球线路和处理方式，根据对手的身高和发球的出手速度，我们选择最适合的接发球线路，保证第一拍接发球尽量占据主动性，保持球尽量向前下方飞行，以不起球为主，给己方搭档的下一拍做好准备。

（一）接发球站位

在对方发球时，练习者需要重心前倾，高度集中精力，注意来球的方向和速度，其次根据对手的发球习惯，选择性站位偏前后或者左右，可以把注意力放到对手习惯的发球区域。

（二）接发球心理

处理接发球前先观察对方站位，即对方非发球球员的站位情况、发球员和非发球员之间的距离与位置。迅速思考如何处理第一拍接发球可以使本方处于有利局面，为本方制造下压的机会或将球处理到对方比较薄弱的位置，争取主动即可。

1. 单人多球训练法（接发球）

练习者在己方场上做好准备，陪练者分别在正手区和反手区发球，练习者根据自己的习惯练习接发球处理。

练习要求：陪练者发球质量尽量保持较高水平，不要轻易让练习者抢到高点处理接发球，需要练习者自己抢点接发处理，练习接发球抢高点练习。

练习目的：通过多球方式练习接发球，提高单项技术的稳定性、出手速度和出手质量，在练习接发的同时养成抢高点的击球意识。

2. 单人多球训练法（发球）

练习者分别在正手区和反手区发球，陪练者根据练习者的发球进行练习接发球处理。

练习要求：练习者发球质量尽量保持较高水平，不要轻易让陪练者抢到高点处理接发球，需要练习者有发球的节奏和意识，练习观察对手的站位后，再选择发球角度和方法。

练习目的：通过多球方式练习发球，提高单项技术的稳定性、出手速度和出手质量，在练习发球的同时，找到属于自己的发球节奏，时刻调整发球心理。

3. 双人单球训练法（击球过程中不起高球）

两位练习者在己方场上做好准备，陪练者发球，练习者接发球，双方需通过发接发抢网或压底线，给对手制造被动局面从而失误或失分。在此过程中，双方都不能起高球，迫使双方进入发接发抢攻环节，形成相对的局面，直至死球。

练习要求：击球过程中不起高球，对于双方来说，都需要高度集中精力，某一拍的主动可能就是一次成功的得分机会，可以制造进攻或给对方制造压力，迫使对方失误。

练习目的：通过单球训练更好地模拟实战环境，面对不同的陪练者的发接发线路，练习者的处理方式也不相同，根据对手的实际情况，以不同的技战术和意识，争取主动局面，提高默契配合度，找到自己的习惯球路或强化特长战术。

第十节　羽毛球混双战术与练习方法

一、攻后场

攻后场战术常用来对付后场扣杀能力较差的男选手或者是处理后场球力量较差的女选手，把对方弱者调动到后场后也可以使用。此战术多采用平高球、平推球、挑底线把对方一人（女球员）紧逼在底线，使其在底线两角移动击球，在其还击出半场高球或网前高球时即可大力扣杀，取得该球的主动。如在逼底线两角时对方同伴要后退支援，则可攻击网前空挡或打后退者的追身球。

攻后场练习方法有双人多球训练法、双人单球训练法。

（一）双人多球训练法

两位练习者在己方场上做好准备，陪练者发球，练习者尽量大部分处理对方后场底线附近的发球，当出球效果较好时，己方队员跟进呈进攻局面。

练习要求：两位练习者在处理来球时，以打对方底线为主，当其中一位练习者出球效果较好时，己方队员跟进呈进攻局面，陪练者发球需要多角度、多变化，尽量不让练习者占据场上主动性。

练习目的：通过多球训练提高配合默契度和战术稳定性，熟悉搭档的球路和线路，根据出球效果和线路选择相对默契的跑位进行轮转进攻，通过反复训练提高压底线和进攻的效率。

（二）双人单球训练法

双方在场上做好准备，从陪练者发球开始，两位练习者尽量把球处理到对方（女球员）的底线附近，寻找对方后场两点进攻的薄弱点，其中一个练习者跟进寻找抢网机会，伺机进攻，直至死球。

练习要求：两位练习者在处理来球时，以打对方（女球员）底线为主，当其中一位练习者出球效果较好时，己方队员跟进呈进攻局面，陪练者发球需要多角度、多变化，尽量不让练习者占据场上主动性，当练习者压底线效果明显时，及时跟进进攻。

练习目的：通过单球训练更好地模拟实战环境，面对不同的陪练者，练习者的出球线路和出球目的都不相同，根据对手的实际情况，以不同的方式压对方底线，提高默契配合度，找到属于自己的压底线的习惯球路或特长战术。

二、前封后攻

后场队员（男球员为主）积极大力扣杀创造机会，在对手接杀放网、挑高球或企图反击抽球时，前场队员（女球员为主）以扑、搓、勾、推控制网前，或拦截吊、封住前半场，使整个进攻连贯而又有节奏变化，使对手防不胜防。

前封后攻练习方法有双人多球训练法、双人单球训练法。

（一）双人多球训练法

两位练习者在己方场上做好准备，陪练者发全场多球，练习者（女球员）通过抢网下压和轮转跑位，练习者（男球员）轮转到后场时，进行进攻，形成前封后杀的局面，反复轮转跟进进攻。

练习要求：两位练习者在处理来球时，以女球员主动下压或抢网为主，当女球员抢网效果较好时，迅速跟进呈进攻局面，男球员轮转到后场时，进行进攻，前封后杀。陪练者发球需要多角度、多变化，尽量让练习者不要在网前占据主动性，当练习者下压效果明显时，及时跟进形成轮转进攻局面。

练习目的：通过多球训练提高配合默契度和战术稳定性，熟悉搭档的球路和线路，根据出球抢网效果和线路，选择相对默契的跑位进行轮转进攻，通过反复训练了解搭档的进攻线路，提高两位练习者的默契程度。

（二）双人单球训练法

两位练习者在己方场上做好准备，陪练者发球，练习者（女球员）通过抢网下压和轮转跑位，练习者（男球员）轮转到后场时，进行进攻，形成前封后杀的局面。陪练者尽量处理球偏被动，给练习者（女球员）寻找机会抢网进攻，通过反复寻找进攻机会轮转跟进进攻，形成前封后杀的局面，直至死球。

练习要求：两位练习者在处理来球时，以女球员主动下压或抢网为主，当女球员抢网效果较好时，迅速跟进呈进攻局面，前封后杀。陪练者处理需要多角度、多变化，尽量让练习者在网前占据主动性，形成被动局面，当女球员下压效果不明显时，不要盲目跟进，强行轮转进攻局面。

练习目的：通过单球训练更好地模拟实战环境，面对不同的陪练者，练习者的抢网上网线路也不相同，根据对手实际情况，以不同的方式处理抢网，形成轮转，提高默契配合度，找到属于自己的前封后杀的习惯球路或特长战术。

三、攻人

攻人是双打中常用的一种战术。对付两名技术水平高低不一的对手时，一般都采用这种战术。在混双战术中基本以进攻对手中的女球员为主。对付实力相当的两名队员也可采用这一战术。这种战术常能起到"集中优势兵力打歼灭战"的作用；在另一队员过来协助时，又会暴露出空档，可在其仓促接应、立足不稳时偷袭他。

攻人练习方法有双人多球训练法、双人单球训练法。

（一）双人多球训练法

两位练习者在己方场上做好准备，陪练者发全场多球，练习者通过多拍轮转跑位，形成进攻的局面，摆放一个标志物在对方场区，通过反复轮转跟进进攻此标志物，以攻击此标志物为主。

练习要求：两位练习者在处理来球时，先以主动下压或抢网为主，当其中一位练习者抢网效果较好时，迅速跟进呈进攻局面，进攻的目标以标志物为主，围绕标志物组织进攻，陪练者发球需要调整角度和利用好场地的宽度，尽量让练习者处理球离标志物较远，当练习者下压效果明显时，及时跟进形成轮转进攻局面，进攻标志物。

练习目的：通过多球训练提高配合默契度和战术稳定性，熟悉搭档的球路和线路，根据出球抢网效果和线路，选择相对默契的跑位，轮转进攻标志物，通过反复训练了解搭档的进攻线路，提高两位练习者的默契程度，也可根据不同位置的标志物设计不同的战术跑位。

（二）双人单球训练法

两位练习者在己方场上做好准备，陪练者发球，此时陪练者以防守为主，练习者中的女球员通过多拍轮转跑位，形成进攻局面，进攻陪练者中女球员防守的半区，通过反复轮转跟进，围绕进攻陪练者中的女球员。

练习要求：练习者中的女球员需要先找到机会抢网，伺机轮转进攻，在对抗过程中，以练习者进攻为主，两位陪练者尽量以防守处理为主。

练习目的：通过单球训练更好地模拟实战环境，面对不同的陪练者，练习者的抢网方式也不相同，根据对手的实际情况，以不同的方式处理抢网，形成轮转，提高默契配合度，找到对方的薄弱点后进行进攻，找到自己习惯的球路或强化特长战术。

四、攻中路

攻中路是指守方左右站位时把球打在两人的中间。这种战术可以造成守方两人抢接一球或同时让球，彼此难于协调；可以限制对手在接杀球时挑大角度高球调动攻方；有利于攻方的封网，由于打对方中路，对方回球的角度变小，因此网前队员封网的难度变小。

守方前后站位时把球下压或轻推在边线和腰线半场位置。这种战术多半是在接发网前球和守中反攻抢网时运用。这种球守方前场队员拦截不到，后场队员又只能以下手击球放网或挑高球，后场两角便会露出很大空档，因而有隙可乘。

攻中路练习方法有双人多球训练法、双人单球训练法。

（一）双人多球训练法

两位练习者在己方场上做好准备，陪练者发全场多球，在陪练者场地摆放两个标志物，练习者通过抢网下压和轮转跑位，形成进攻的局面，主要进攻区域在两个标志物中间区域。

练习要求：两位练习者在处理来球时，先以主动下压或抢网为主，当其中一位练习者抢网效果较好时，迅速跟进呈进攻局面，陪练者发球需要多角度、多变化，尽量不让练习者在网前占据主动性。当练习者下压效果明显时，及时跟进形成轮转进攻局面，以组织攻击标志物中间区域为主。

练习目的：通过多球训练提高配合默契度和战术稳定性，熟悉搭档的球路，根据出球抢网效果和线路，选择相对默契的跑位进行轮转进攻，学会观察和处理标志物中间区域空档，通过反复训练了解搭档的进攻线路，提高两位练习者的默契程度。

（二）双人单球训练法

两位练习者在己方场上做好准备，陪练者发球，此时陪练者以防守姿态为主，各自守己方半边场地，练习者通过多拍轮转跑位，形成进攻局面，进攻陪练者中间区域，通过反复轮转跟进进攻陪练者，直至死球。

练习要求：两位练习者在处理来球时，先以主动下压或抢网为主，当其中一位练习者抢网效果较好时，迅速跟进呈进攻局面，陪练者以防守姿态为主，各自守己方半边场地。当练习者下压效果明显时，及时跟进形成轮转进攻局面，以组织攻击两位陪练者中间区域为主。

练习目的：通过单球训练更好地模拟实战环境，面对不同的陪练者的防守能力和线路，练习者的抢网方式也不相同，根据对手的实际情况，以不同的方式处理抢网，形成轮转，提高默契配合度，找到对方中间地带的薄弱点后，进行进攻，找到自己的习惯球路或强化特长战术。

五、双压

双压需要两位运动员都有很强的进攻能力和配合默契度，在该战术中，双方都具备抢网意识和抽档跟进进攻意识，通过在中场和对手进行较量后，制造进攻机会和进攻线路，两名球员一起压上，需要两名球员有很强的场上连贯能力。

双压战术练习方法有双人多球训练法、双人单球训练法。

（一）双人多球训练法

两位练习者在己方场上做好准备，陪练者发全场多球，练习者通过多拍轮转跑位，形成进攻局面，当其中一位练习者跟进时，另外一位练习者同时迅速跟进，形成左右开攻的局面，通过反复轮转跟进进攻，形成双压局面，给对手制造防守压力。

练习要求：两位练习者在处理来球时，先以主动下压或抢网为主，当其中一位练习者抢网效果较好时，另外一位练习者同时迅速跟进呈进攻局面，此时男球员也可以抢网为女球员创造进攻机会，伺机跟进进攻。进攻的线路要合理，围绕某种技战术组织进攻。陪练者发球需要调整角度和利用好场地的宽度，尽量让练习者形成双压局面。

练习目的：通过多球训练提高配合默契度和战术稳定性，熟悉搭档的球路和线路，根据出球抢网效果和线路，选择相对默契的跑位进行轮转进攻，通过反复训练了解搭档的进攻线路，提高两位练习者的默契程度，也可根据不同处理球方式设计不同的战术跑位。

（二）双人单球训练法

两位练习者在己方场上做好准备，陪练者发球，练习者通过多拍轮转跑位，形成进攻局面，当其中一位练习者跟进时，另外一位练习者同时迅速跟进，形成左右开攻的局面，通过反复轮转跟进进攻，形成双压局面或形成男球员在后场进攻女球员在前场封网的局面，给对手制造防守压力，直至死球。

练习要求：当其中一位练习者抢网效果较好时，另外一位练习者同时迅速跟进呈进攻局面，尽量在处理球时给练习者一人一拍直线跟进，让练习者形成双压局面。

练习目的：通过单球训练更好地模拟实战环境，面对不同的陪练者，练习者的双压方式也不相同，根据对手的实际情况，以不同的方式处理抢网，形成轮转，提高默契配合度，找到对方的薄弱点后，两位练习者同时跟进进攻，找到自己的习惯球路或强化特长战术。

六、防反

防反是先进行有效的防守，在防守过程中，寻找对方的进攻薄弱点或空档，进行反攻，制造防守反击的进攻机会。此战术需要本方球员有很强的防守能力和观察对手的能力，通过有效地掌握防守节奏伺机进攻，轮转成进攻局势。

防反战术练习方法有双人多球训练法、双人单球训练法。

（一）双人多球训练法

两位练习者在己方场上做好准备，陪练者发全场多球，陪练者以发下压球为主，当练习者中的女球员通过多拍防守、轮转跑位抢网成功时，形成防反进攻的局面，再发以防守为主的高球，让练习者中的男球员形成后场进攻的局面，通过反复防反跟进进攻，形成固定的进攻局面。

练习要求：两位练习者在处理来球时，先以被动防守为主，当其中一位练习者防守效果较好时，迅速跟进，轮转站位呈进攻局面，首先是防守的线路要合理，其次跟进的位置要创造进攻的机会，围绕防守技战术组织进攻，陪练者发球需要先主动下压，防反形成后，以下手发球为主。

练习目的：通过多球训练提高配合默契度和战术稳定性，熟悉搭档的出球球路和防守习惯，根据防反效果和线路，选择相对默契的跑位进行轮转进攻，通过反复训练了解搭档的进攻线路，提高两位练习者的默契程度，也可根据不同处理球方式设计不同的战术跑位。

（二）双人单球训练法

两位练习者在己方场上做好准备，陪练者发球，练习者先以被动处理高球为主，当练习者通过多拍防守效果明显时，其中一位练习者轮转跑位抢网，形成进攻局面，陪练者再被动处理来球，让练习者形成进攻局面，通过反复防反跟进进攻，形成防守反击的局面。

练习要求：练习者先以被动处理高球为主，要具备扎实的防守能力，在保持多拍被动防守的同时，找到对方的薄弱点或进攻盲区，打出防守第一拍，从而形成防反局面，由守转攻。

练习目的：通过单球训练更好地模拟实战环境，面对不同的陪练者的进攻能力和线路，练习者的防守处理方式也不相同，根据对手的实际情况，以不同的防守技巧和线路，形成防反局面，提高默契配合度，找到对手的进攻盲区后，由守转攻，找到自己的习惯球路或强化特长战术。

七、发接发

发接发是双打每一回合制中最重要的阶段。在这一阶段，运动员要通过细腻的网前技术与快速的抢网下压打开进攻局面。往往三个回合内双方就会进入攻守转换的阶段或者是一方直接得分。前几拍质量的高低，有可能直接关系比赛的走势和胜负。

发接发战术练习方法有单人多球训练法、单人单球训练法。

（一）单人多球训练法（接发球）

练习者在己方场上做好准备，陪练者分别在正手区和反手区发球，练习者根据自己的习惯特点练习接发球处理。

练习要求：陪练者发球质量尽量保持较高水平，不要轻易让练习者抢到高点处理接发球，需要练习者自己抢点接发处理，练习接发球抢高点。

练习目的：通过多球方式练习接发球，提高单项技术的稳定性、出手速度和出手质量，在练习接发的同时养成抢高点的击球意识。

（二）单人多球训练法（发球）

练习者分别在正手区和反手区发球，陪练者根据练习者的发球练习接发球处理。

练习要求：练习者的发球质量尽量保持较高水平，不要轻易让陪练者抢到高点处理接发球，练习者需要注意发球的节奏和意识，练习观察对手的站位后，再选择发球的角度和方法。

练习目的：通过多球方式练习发球，提高单项技术的稳定性、出手速度和出手质量，在练习发球的同时，找到属于自己的发球节奏，时刻调整发球心理。

（三）双人单球训练法（击球过程中不起高球）

两位练习者在己方场上做好准备，陪练者发球，练习者接发球，双方需通过发接发抢网或压底线，给对手制造被动局面，导致对手失误或失分。在此过程中，双方都不能起高球，迫使双方都进入发接发抢攻环节，形成相对的局面，直至死球。

练习要求：击球过程中不起高球，对于双方来说都需要高度集中精力，某一拍的主动可能就是一次成功的得分机会，可以给自己制造进攻机会或给对手制造压力，迫使对手失误。

练习目的：通过单球训练更好地模拟实战环境，面对不同的陪练者的发接发线路，练习者的处理方式也不相同，根据对手的实际情况，以不同的技战术和意识，争取主动局面，提高默契配合度，找到自己的习惯球路或强化特长战术。

第十一节　羽毛球技战术、步伐与心理健康

羽毛球步伐是羽毛球运动中起到承上启下作用的一项技术，这项技术一方面将羽毛球基本击球技术融入行进间，另一方面为实战技术奠定基础。

练习羽毛球步伐技术，往往能够促进大学生意志更加健全、行为更加协调、人际关系适应程度提升。

一、意志健全

羽毛球步伐练习往往是最乏味的，和基本击球技术相比，步伐训练的种类不多，并且大部分步伐训练无法碰球，因此会使人产生懈怠情绪。

步伐训练中，那些能够克服枯燥，沉住气一心一意练习步伐的球员往往进步迅速。个人的意志品质也能得到加强，能够坚定信念，投入训练中。

在这个过程中，球员自制力也得到了加强，既有实现目标的坚定性，又能克制干扰目标实现的愿望、动机、情绪和行为，不放纵、任性。意志更加健全意味着在任何领域都能够不被外物所迷惑，能够达成更高的成就。

二、行为协调

行为协调是指人的思想与行为统一协调，行为反应的水平与刺激程度相互协调。步伐训练能够促进行为的协调性，在运动中我们也可以将其称为"肌肉记忆"，是一种正反馈。

击球技术一般是和步伐同时进行的，这不仅要求身体的协调性，也要求球员能够在极其被动时，及时做出判断。在羽毛球比赛中，因为球速和各种因素，很难及时做出判断，但是又会下意识地做出步伐和动作。这种长时间积累下来的肌肉记忆，会使步伐能够根据大脑所想做出动作。

当然，不管水平多高的运动员都会因为极其被动而行动跟不上思考，也就会出现很多让人惊叹的鱼跃动作。这是因为头脑所思考的动作身体无法立刻反应，导致步伐做不出来，只能被动跃出。也就是说，行为协调是需要长久进步的，反复不断的练习才能促进行为更加协调，也正因为如此，步伐训练才能促成行为协调进步。

三、人际关系适应

羽毛球训练永远不是自己一个人就能够完成的，不管是击球训练还是步伐训练，几乎都是以两个人甚至更多人为一组共同进行的。这就要求球员首先要了解和自己一起训练的人，其次要产生默契。

在步伐训练中，陪练者的指挥要到位，同时也不能让练习者找到训练的规律。而练习者要有判断能力，能够在训练过程中熟悉陪练人的套路，这就要求两人要足够了解彼此。

当然，步伐训练能够使彼此发现对方的不足，实现两个人共同成长。我们常说"当局者迷，旁观者清"，陪练员往往就是练习者的一双眼睛，能够在训练中发现对方的不足，同时也能发现对方的长处，以己之长补彼之短，在训练中共同进步。

球员在训练中往往能够找到志同道合的朋友。这会为后面双打练习奠定一定的基础。同时，能促使两个人在比较中产生竞争意识，让个体逐渐适应双方之间的胜负关系，能以正确的情绪去应对，在竞争中彼此成长。

四、技术和心理的相互影响

羽毛球步伐技术对心理健康的影响很大。在比赛中，正确的步伐技术可以帮助选手快速移动到合适的位置，从而有效地回击对手的攻击。如果球员的步伐技术不够好，就可能无法跑出正确的路线，从而错过反击的机会。这种情况容易导致球员的自信心受影响，产生焦虑和紧张情绪，进而影响比赛表现。

　　心理健康对羽毛球步伐技术也有着重要的影响。处于良好心理状态的球员更容易保持清醒、镇定的头脑，能够更好地把握比赛节奏，同时也更容易注意到自己的步伐技术是否准确。相反，如果球员的心理状态不佳，如焦虑或担心，就有可能会过于关注比赛结果而疏忽了自己的步伐技术。这种情况容易导致运动员失误增加，表现下降。

　　因此，羽毛球步伐技术和心理健康之间存在相互影响的关系。一方面，正确的步伐技术可以提高球员的自信心和竞技力，从而增强其心理素质。另一方面，保持良好的心理状态可以帮助球员更好地掌握自己的步伐技术，避免因心理压力而出现失误。

　　那么，这种相互影响的机制是什么呢？首先，正确的步伐技术可以帮助球员更好地应对比赛压力，从而减轻焦虑和紧张情绪的影响。当球员获得了足够的技术训练和经验积累，他们在比赛中会更加自信，并且更有可能取得成功。这样的成功经历又会进一步增强球员的自信心和心理素质。其次，保持良好的心理状态可以帮助球员更好地集中注意力，在比赛中更好地把握节奏和位置。当球员保持放松、镇定时，他们更容易分析对手的行为和意图，并且能够更精确地执行策略。

　　综上所述，羽毛球步伐技术和心理健康之间存在密切的关系。正确的步伐技术可以提高球员的自信心和竞技能力，从而增强其心理素质；而保持良好的心理状态可以帮助球员更好地掌握步伐技术，避免因心理压力而出现失误。在日常训练中，我们应该注重培养球员的步伐技术和心理素质。

问题与思考

　　1. 羽毛球的上网步伐如何分类，它们有什么区别？

　　2. 跨步上网时为什么要脚后跟先着地？

　　3. 接杀步伐有哪些要点？

　　4. 从步伐和握拍的角度看突击步伐分别有几种，它们各自有哪些要点？

　　5. 基本步伐有几种？

参考文献

［1］赵寒治，王巍，孟凡华，等．不同热身方法对运动表现影响的探究及实施建议［J］．文体用品与科技，2022（5）：107-109.

［2］袁科，薛琼．浅谈热身与放松运动在青少年网球训练中的重要性［J］．科学咨询（教育科研），2020（8）：107.

［3］刘博，吕赟．试论热身环节在体育课堂中的重要性［J］．当代体育科技，2020（15）：149-151.

［4］李超凡，魏宏文，李俊平．热身运动中加入核心激活对上肢和下肢最大力量和爆发力训练的影响［C］//2018年中国生理学会运动生理学专业委员会会议暨"科技创新与运动生理学"学术研讨会论文集．北京：北京体育大学，2018：17-18.

［5］陈玲．热身运动的拉伸方式：静态拉伸和动态拉伸［J］．田径，2018（7）：14-15.

［6］杜葵峰，俞聪，赖成杨，等．体育游戏在体育课热身运动中积极作用调查与分析［J］．亚太教育，2016（18）：65.

［7］张志雷．热身活动对"国家学生体质健康测试"成绩的影响［J］．体育科技文献通报，2022（1）：124-126.

［8］吴慧敏，魏宏文．热身中加入快速伸缩复合练习对1RM深蹲的影响［C］//第十二届全国体育科学大会论文摘要汇编——专题报告（体能训练分会）．北京：中国体育科学学会，2022：49-51.